KB132951

로케팅

세계 시장을 향하는 기업을 위한 '크로스보더 커머스 지침서'

로케팅

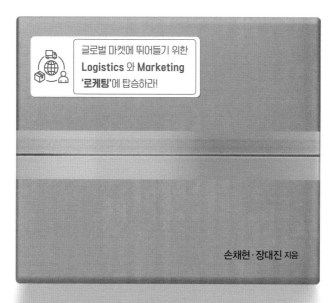

글로벌 마켓에 뛰어들기 위한
Logistics 와 Marketing
'로케팅'에 탑승하라!

손채현·장대진 지음

LOKETING
Logistics+Marketing

"무역은 문화의 흐름이다." 학부 시절 존경하는 무역학과 교수님으로부터 무역을 처음 배울 때 들었던 단 한 줄의 이 문구는 지금도 후배들을 전문 무역인으로 양성하고 있는 나의 모습으로 이어지고 있다. 이 책의 구성을 통해 본서가 '한류와 korean made라는 상품'을 문화적 비교우위를 활용한 글로벌 셀러의 마케팅 툴과 물류 시스템 활용을 위한 가장 단순하고 알기 쉽게 설명하고 있다고 생각된다. 크로스보더 이커머스(Cross Border E-Commerce)에 진입하여 글로벌 셀러가 되려는 분들에게 어려운 무역과 전자무역의 두꺼운 이론서보다 먼저 이 책을 몇 번이고 읽어보고 되새김한다면, 단기간에 누구나 전문적으로 korean made라는 문화를 글로벌 시장에 손쉽고 편하게 유통시킬 수 있는 상당한 크로스보더 이커머스의 무역 전문가가 될 것이라 확신한다.

_**배경원** 경희대학교 글로벌미래교육원 주임교수, 경제학박사
현, 한국무역학회부회장, 한국관세학회 상임이사, 한국통상학회 상임이사,
한국산업인력관리공단 물류관리사 자격시험위원

더 이상 과거의 성장 공식이 통하지 않는 시대. 마케팅뿐만 아니라 이커머스 업계에 진정한 일잘러가 되고 싶다면 지금 이 책을 주목하라!

물류와 마케팅은 이커머스 업계에서 상호 보완적이고 중요한 요소입니다. 이 두 분야에 대한 통합적인 이해는 브랜드의 경쟁력을 유지하고 성장하는 필수적입니다. 《로케팅》은 물류와 마케팅이 어떻게 상호 작용하고 협력하여 브랜드의 성공에 기여하는지에 대해 명확하고 유익한 통찰력을 제공합니다. 각 장은 사례와 전략적인 고찰을 통해 이커머스 전반에 대한 흐름을 이해할 수 있는 내용을 포괄하고 있습니다. 동남아시아, 일본, 북미 시장까지 다양한 글로벌 마켓에 대한 현실적인 조언과 실전에 필요한 핵심적인 내용을 잘 함축하고 있습니다. 현직 마케터로서 새로운 인사이트를 발견하고, Scale up에 큰 도움을 받았습니다.

_**김나윤** NHN 커머스 마케팅실 실장

"세상에는 팔 수 있는 상품이 수도 없이 많지만, 결국 중요한 건 사람들에게 필요한 상품을 판매하는 것이다. 다시 한번 강조하자면 '수요가 있는 제품을 찾는 것'이 가장 중요하다."

이 책을 읽으면서 몇 번이나 무릎을 탁 치고, 고개를 끄덕거렸는지 모른다. 그렇다, 판매라는 것은 온·오프라인을 막론하고 수요가 있어야 하고, 그 수요를 창출하는 니즈를 만들어야 한다. 그리고 그 니즈는 트렌드를 읽어내는 눈 속에서 캐치되는 경우가 많다.《로케팅》은 물류와 글로벌 셀링 업계 전문가가 만나 작정하고 전 세계 주요 글로벌 온라인 시장을 쉽고 재미있게 설명하면서 그 트렌드와 니즈를 던지며 독자들을 강력하게 글로벌 셀링계로 인도하고 있다. 마치 큰 배들을 앞에서 이끄는 예인선 같다고 할까. 이 책을 다 읽고 덮는 순간 여러분은 '글로벌 셀링'이라는 큰 배를 마주하게 될 것이다.

_**서주영** 아마존, 쇼피 공식 파트너 ㈜팸글로벌 대표, 《꼼꼼한 아마존셀러》, 《쇼피셀러 가이드북》 저자

이커머스와 물류의 결합을 통해 글로벌 시장에서 성공하는 방법을 명확하게 제시한 책이다. 마케팅 전문가와 사업가 모두에게 필독서로 추천한다.

_임혜란 큐익스프레스 크로스보더 사업실 팀장

CONTENTS

PART 4.
로켓 발사: 국경을 넘어 속도를 높이는 물류 시스템

PART 5.
궤도 진입: 크로스보더 커머스 운영 전략

마치는 글

시작하는 글

글로벌 시장 개척을 준비하고 있다면 두려움과 설렘 앞에 서 있을 것이다. 막연한 두려움을 없앨 수 있도록《로케팅》이 세계 시장의 큰 흐름과 세세한 부분까지 함께 개척할 수 있도록 도움을 줄 것이다.

이커머스(전자상거래) 시장 규모는 매년 점점 커지고 있다.

2024년 전 세계 이커머스 시장 규모는 6조 9,000억 달러이며, 9.8%의 성장 속도를 가지고 있다. 또한 이커머스 이용객이 전 세계 인구 78억 명 중 27억 1,000만 명에 달하고 있으며, 42.9%가 모바일 쇼핑을 이용하고 있다.

크로스보더 이커머스(국경 간 전자상거래)는 15.3%의 가파른 성장세를 보이며 빠르게 성장하고 있다. 테무(TEMU)의 중국 상품 D2C로 인해 기존 소매업체들은 매우 긴장하고 있다. 또한 SNS가 쇼핑의 기능을 더하며, 동남아시아 이커머스 시장 규모 1위를 차지하고 있는 쇼피(Shopee)에서 경쟁 상대로 틱톡 숍(Tiktok Shop)을 꼽았다.

이런 흐름들을 보면 우리가 해외 판매 하면 생각했던 일반적인 무역 거래처럼 통관, 인증, 물류 문제 등을 조금은 간편하게 해결할 수 있다는 생각이 들지 않는가? 물론 SNS로 제품을 홍보하고 해외로 판매할 수 있다는 것은 이런 문제들을 간소화하고 해결할 수 있다는 뜻이다.

마음의 준비를 마쳤다면 해외로 나아가자.

망설이는
당신에게

"국내 사업도 쉽지 않은데 해외까지 진출해도 되는 걸까?"

vs

"경쟁이 치열한 국내보다 해외 시장이 더 해볼 만하겠는데?"

독자 여러분, 안녕하세요. 이 책의 공동 저자인 장대진입니다.

인사를 드리기 전, 해외 시장을 바라보는 두 관점을 한번 적어보 았는데요. 한쪽은 해외 시장을 여러 허들이 있어 국내 시장을 성숙 화한 뒤 진출할 시장으로 생각하고, 또 다른 한쪽은 처음부터 더 넓은 시장인 해외를 염두에 두고 진출하고자 합니다.

둘 다 맞는 말이고, 관점과 전략의 차이일 뿐인데요. 여러분의 생 각은 어떠신가요?

저는 현재 큐익스프레스라는 물류 플랫폼에서 사업개발팀 팀장으로 일하고 있습니다. 아마도 여러분은 큐익스프레스의 가족회사인 '큐텐, 티몬, 위메프, 인터파크'가 더 익숙하실 텐데요. 요컨대 이커머스 전문 물류 플랫폼이다 보니 커머스 비즈니스를 준비하거나 진행 중인 고객들의 여러 고민을 서슴없이 듣고 함께 사업을 꾸려나갈 기회를 많이 얻게 되었습니다.

그리고 많은 기업과 담당자가 '해외 시장'에 대해 점점 더 많은 관심을 갖는 것을 회사로 들어오는 문의 수가 증가하는 것과 함께 몸소 체감하고 있습니다.

앞으로 더욱 자세히 서술하겠지만 많은 분의 고민은 점점 더 위기감이 고조되는 내수시장에서 성장의 한계를 느끼고 있다는 것과 해외 시장이라는 벽은 굉장히 높고 어렵다는 것인데요.

하지만 희망적이게도 현재 전 세계적으로 한국의 제품들은 많은 관심을 받고 있고, 실제로 국내 기업의 해외 진출 성공 사례들은 심심찮게 찾아볼 수 있게 되었습니다. 한 분야만의 일이 아닌, 모든 기업이 함께 경쟁하며 높여간 질적인 발전이 이룩한 쾌거라는 생각이 듭니다.

해외 시장 진출은 물론 쉬운 일은 아닙니다. 물류적으로만 바라봐도 국내보다 더욱 복잡한 규제와 세금, 물류비와 물류 과정에서 발생할 수 있는 모든 사고를 고려해야 합니다. 또한 현지 상황을 체크하는 것도 쉬운 일이 아닙니다. 그래서 규모가 있고 자본과 인적 자원이 풍부한 회사들도 쉽사리 도전하기 어렵죠.

그런데 재미있는 사실은 어떤 작고 빠른 팀들은 외려 이 시장을 더욱 즐기고 있다는 사실입니다. 전 세계 시장을 무대로 마켓을 열고 대응하며 심지어 함께 일하는 동료들조차 같은 오피스에서 만나는 게 아닌, 준비된 협업 툴을 이용해 다양한 국가의 파트너들과 공동으로 일하기도 합니다. 국내에서 잘되었기 때문에 꼭 해외에서도 잘된다는 보장이 없듯이, 오히려 해외에서 먼저 굉장한 돌풍을 일으키며 "알고 보니 한국 브랜드였다"인 경우도 어렵지 않게 찾아볼 수 있습니다.

진짜 그런 사례가 있는지 궁금하시다면, '조선미녀'와 '레이지 소사이어티'를 살펴보셔도 좋습니다. 처음 들어 보셨다면 꽤 흥미로운 내용일 것이라고 확신합니다.

저는 이런 기업들의 사례를 찾아보고 살펴보며, 제가 만나는 고객사들 또한 이렇게 해외에서 빠른 성장을 할 수 있도록 로켓을 달아드리고 싶다는 생각을 하고 있습니다. 그리고 어떤 파트너들이 곁에 있었을 때, 최적의 효율을 낼 수 있는지 연구하며 조금씩 원고를 모아오고 있었습니다.

현재는 글로벌 물류를 업으로 살아가고 있지만, 저는 대학에서 광고를 전공했고 대부분의 시간을 마케터라는 이름으로 지냈습니다. 그래서 제 주변에는 늘 마케터들이 있고 그들과 함께 고민합니다.

마케팅과 물류는 매우 닮았고, 상호보완적이며 함께 검토되었을 때 굉장한 시너지를 낼 수 있다는 확신이 들었습니다. 어느 날 노트에 물류를 뜻하는 Logistics와 Marketing을 적어보았습니다.

낙서하듯 적은 두 단어 사이를 묘한 기분으로 살펴보다가 '로케팅'이라는 말을 내뱉고 그간 하고 싶었던 말들이 정리되는 것 같았습니다. 부족하지만, 여러분의 비즈니스에 로켓을 달아줄 수 있는 물류와 마케팅 지침을 함께 담아보고자 합니다.

저 혼자서 걸어갔더라면 더 오래 걸렸을 이 길을 함께 이끌어 주시는 글로벌라이징 손채현 대표님의 실전 경험과 컨설팅 스킬들이 함께 어우러져, 여러분의 비즈니스에 해답을 찾을 수 있는 좋은 파트너 같은 책이 되었으면 좋겠습니다.

"여러분, 100m 달리기에서 결승점에 최고 속도를 내기 위해서는 어떻게 해야 할까요?" 정답은 120m를 목표로 달리면 됩니다. 만약 100m를 목표로 달린다면 80m 즈음 우리는 속도를 줄일 것입니다. 하지만 120m를 목표로 달린다면 100m 지점에서 최고 속도가 나오겠지요.

저는 이 말이 참 좋습니다. 해외 시장을 바라보는 것도 좋습니다. '내가 과연 해외까지 생각해도 될까?'라고 망설이는 분들이 있다면, 더더욱 해외를 염두에 두고 달려보면 어떨까요? 눈을 넓힌다면 더 많은 정보를 얻게 될 것이고, 여러분의 비즈니스를 원하는 지점까지 더 빠르게 키울 수 있을 것이라고 확신합니다.

어느 크로스보더의
고백

영어도 모르고 해외 오픈마켓이 무언지도 몰랐던 제가 어떻게 동남아시아 온라인 시장에 대한 책을 쓰게 되었는지 신기하기도 하고, 지난 10년이 주마등같이 지나갑니다.

저는 유통이나 무역에 대해서는 문외한인, 아이들을 키우던 주부였습니다. 그런데 어떻게 전 세계로 제품을 팔게 되었을까요? 그것은 지금 많은 사람을 경제적 자유로 이끌어준 '디지털(Digital)'이라는 것 때문이 아닐까 싶습니다.

저는 디자인을 전공했고 온라인 쇼핑몰, 제품 상세페이지를 만들 수 있다는 것 하나만 가지고 2012년에 창업했다가 한국 온라인 시장의 무서움을 뼈저리게 느꼈습니다.

창업 당시 화장품을 판매했는데요. 화장품을 납품받기 위해서는 오프라인 매장이 있어야 한다고 해서 경기도 고양시에 조그만 매장도 운영했습니다.

한국의 온라인 시장은 제조업체(Manufacturers), 총판(Distributor), 도매(Wholesalers) 등 모든 업체가 들어와 경쟁합니다. 하지만 자본금이 별로 없어서 최소구매수량(MOQ)이 크지 않았던 저는 사입단가가 높을 수밖에 없었고, 온라인에서 가격 경쟁이 되지 않았습니다.

그때 마침 G마켓 해외팀에서 전화가 왔습니다. 제가 판매하는 상품들을 입점해서 판매해보지 않겠느냐고…(그때의 G마켓 일본, 싱가포르가 지금은 큐텐(Qoo10)으로 명칭이 변경되었습니다).

그렇게 해서 처음 접한 해외 시장은 신기하기만 했습니다.

한국에서 800원에 매입해서 1,200원에 판매하던 매니큐어를 해외 시장에서는 2,000원이 넘게 판매하고 배송비는 따로 받을 수 있었습니다. 매니큐어는 한번 구매할 때 색상을 최소 5개 정도는 구매하기 때문에 (배송비가 아까워서도 그랬던 것 같습니다) 한국에 판매할 때보다 훨씬 재미있게 판매했습니다.

지금은 글로벌 이커머스에서의 한류 제품 판매가 너무 상용화된 일이라 어렵지 않게 해외로 판매가 가능합니다. 하지만 제가 글로벌 해외 이커머스 판매를 시작했던 2011~2012년에는 우체국에 소형 포장물을 배송하러 방문하면 우체국 직원분들이 해외로 판매되는 제품이냐며 신기하게 여겼습니다.

하지만 일부 제품만 판매가 잘되었기 때문에 가게 임대료나 인건비도 제대로 나오지 않았고, 결국 눈물을 머금고 폐업하게 되었습니다. 다시 직장을 3년 정도 다니며 사업에 대한 꿈을 접을 때쯤 회사에서 사직을 권고받게 됩니다.

회사 사정이 좋지 않다면서 홍보팀부터 인원 감축을 한다고 하더라고요. 그 당시 30대 후반으로 넘어가던 36살이었고, 저는 이제 또 무엇을 해야 하나 막막했습니다. 그래서 '딱 3개월만 더 사업에 도전해보자'라는 생각으로 모은 돈 하나 없이 카드 하나만 가지고 다시 온라인 판매를 시작했습니다.

국내에서는 쓴잔을 맛보았기 때문에 해외에서 판매할 수 있는 방법을 알아보다가 제가 이전에 해외로 판매했던 일이 글로벌 셀러라는 것을 알게 되었습니다. 글로벌 셀러란 나라별 시세차익을 이용해 제품을 판매하는 셀러를 통칭하는데요. 국내 제품을 해외로 파는 것뿐만 아니라 해외 제품을 국내에서 파는 것도 배우게 되었고 처음에는 미국, 중국 구매 대행부터 시작했습니다.

미국과 중국에 있는 상품을 한국 온라인스토어(스마트스토어, 쿠팡) 등에 등록하고 온라인 쇼핑몰에 주문이 들어오면 제품을 구입해서 배송 대행지를 거쳐 제품을 한국에 있는 고객에게 보내는 것인데요. 우리나라에 없는 상품들을 등록했더니 마진도 판매 성과도 좋았습니다.

또 미국에 있는 제품 중 한국에 잘 판매되는 제품이 동남아시아, 일본에서도 인기가 있다는 것을 알게 되었습니다. '큐텐(Qoo10)'뿐만 아니라 '라자다(LAZADA)'라는 시장도 발견했고, 판매하는 법을 배우고 판매를 시작하게 되었습니다.

이렇게 발을 내딛게 된 글로벌 시장은 너무 신비하고 재미있는 시장이었습니다. 지금은 글로벌 시장에 판매를 하고 싶은 분들과 지식을 나누며 강의와 컨설팅, 운영 대행까지 수 년째 하고 있는데요.

현장에서 몸담고 있다 보니, 제가 무역 전문가는 아니었지만 이커머스 글로벌 통관이나 세무까지 물류 무역, e-비즈니스 NCS 훈련 교강사로 어느 정도 여러분께 코칭을 해드릴 수 있는 수준이 되었습니다.

제가 이 책을 쓰게 된 이유는 너무 멀게만 느껴졌던 해외 시장이 사실은 굉장히 가까이 있으며, 이제는 해외에서 제품을 1개만 주문해도 해외 이커머스의 자체 물류 시스템을 통하여 해외에 있는 고객에게 제품을 알아서 보내주는 시대라는 것을 알리기 위해서입니다.

한국의 좋은 제품을 글로벌 시장에 널리 알리고 1인도 충분히 수출을 하는 사업가가 될 수 있으며, 부가세 환급이라는 특혜까지 누릴 수 있습니다.

이 책을 통해서 브랜드사는 해외의 고객들을 온라인을 통해서 만나고 브랜드의 인지도를 높일 수 있는 방법을 제시하고, 1인 창업자에게는 꼭 재고를 가지지 않아도 한국의 제품을 해외로 판매하는 1인 무역을 할 수 있는 방법을 제시하고 싶습니다.

또한 해외로 제품을 판매하고 나서 실제로 고객에게 제품이 도착하는 크로스보더 물류에 대해 전문가인 장대진 님께서 심도있게 다루어 주면서 기존의 무역 B2B(Business-to-Business) 방식이 아닌 B2C(Business-to-Consumer)를 넘어 D2C(Direct-to-Consumer)로 판매할 수 있는 방법론을 제시합니다.

이 책을 통해 세계 시장으로 나가 보실까요?

PART **1**

로켓 발사 준비

빠르게 성장하고 있는 크로스보더 커머스

고령화? 세계는 젊고 성장하고 있다

한국 내수시장을 관통하는 '중장기 키워드'는 '고령화'다. 고령화는 저출산 문제와 맞물리며 더욱 빠른 속도로 한국 내수시장을 지치게 하고 있다.

마케터로 일할 때 '매출액'이라는 것은 매년 유지만 해도 다행인 것이었고, 매출액이 늘어났다고 해도 약간의 파이 조각을 가져왔을 뿐 전체 파이는 줄어들고 있었다. 물론, 고령화로 인해 더욱 각광받는 분야도 있다. 의료, 관광, 헬스케어, 실버 비즈니스, 당뇨, 안티에이징 등 사업 기회는 무궁무진하다.

하지만 우리 모두가 나열된 분야의 비즈니스에 뛰어들 수는 없는 노릇이다. 젊은 감각을 소구하던 제품과 브랜드들은 계속해서 줄어가는 시장에 속수무책으로 있어야 할까?

글로벌로 눈을 돌려야 할 때다. 아이러니하게도 전 세계 인구는 80억 명에 육박하고 있다. 약 20여 년 전 어린 내가 따라 부르던 '당근송'에서 나온 인구는 60억 명이었던 것을 생각하면 시장은 계속해서 커지고 있다.

우리나라는 한강의 기적이라 불리며 지난 30년간 고도 경제 성장을 이루어냈다. 휴대전화, 반도체, 자동차, 화학, 철강 등 세계적인 분야에서 경쟁력을 갖추고 있으며 현재는 4차 산업 분야라고 일컫는 음악, 게임, 웹툰, 문화 콘텐츠 분야에서도 빠르게 성장하고 있다.

2010년까지 한국은 세계 7대 수출국으로 도약했지만 이후 경제 성장 속도는 점차 감소하고 있는 추세이다. 하지만 이때의 우리나라처럼 무궁무진한 잠재 가능성을 가진 국가들이 있다. 동남아시아, 인도처럼 말이다.

이런 지역을 여행해본 경험이 있다면 더욱 느낄 수 있다. 일을 하는 사람들의 나이가 매우 젊고, 그들은 우리와 같은 스마트폰을 모두 손에 쥐고 있으며, 우리보다 더 많이 모바일을 통해 소통하고 소비한다. 전 세계 사람들이 손에 쥐고 있는 스마트폰이 곧 시장이다. 다시 말하자면 글로벌 이커머스가 우리에게 열어주는 시장 기회는 무궁무진하다.

젊고 무궁무진한 잠재 가능성을 가진 전 세계의 젊은이들에게 온라인이라는 선을 타고 우리의 문화와 상품을 알릴 수 있는 출발선에 서 있다. 세계는 성장 중인 로켓이며, 우리는 그곳에 탑승 준비를 하고 있다. 가슴이 뛰지 않는가?

빠르게 성장하는
동남아시아 트렌드 파라잡기

    해외 수출은 '지리적 여건'의 영향을 많이 받는다. 이는 문화적으로 유사한 지역이라는 의미와 더불어 전체적인 비용에도 영향을 미치기 때문이다. 동남아시아는 그러한 측면에서 봤을 때 한국의 셀러들에게 굉장히 유리한 지역이라고 볼 수 있다.

    동남아시아가 빠르게 성장하고, 또 주목받는 이유는 다음 세 가지로 정리할 수 있다.

    첫째, '인적 자원'이다. 동남아시아 주요국의 국민 60% 이상이 35세 미만의 젊은 연령층으로 유지되고 있다.

    둘째, '경제 성장'이다. 동남아시아는 현재 많은 해외 자본의 유입으로 중산층의 소득이 성장하고 있으며 구매력으로 이어지고 있다.

셋째, '인터넷 보급'이다. 불과 10여 년 전만 하더라도 인터넷 보급률이 낮았지만 현재는 스마트폰의 보급으로 인해 연간 이커머스 시장이 20% 이상씩 성장하고 있다.

저렴한 가격, 빠른 배송, 보안 중요

한국 제품과 문화를 좋아하는 젊은 세대가 제일 많은 곳! 아이돌과 예능을 많이 보고 떡볶이, 김밥, 라면 등을 좋아하고 쇼피, 라자다를 통해 한국 제품을 많이 구매하고 있는 동남아시아 시장이다. 나라가 젊은 만큼 SNS를 보고 제품을 구매하는 성향이 강해 틱톡, 인스타그램의 평판과 숍을 연동하는 것이 중요 포인트다.

특히 얼마 전 세계를 강타한 코로나바이러스로 인해 동남아시아 또한 소비자들의 소비 습관은 급격하게 변화했는데, 가정용품, 식료품, 건강, 위생 등 다양한 카테고리에서 상품 수요가 급증했다. 물론 코로나19로 인해 이커머스의 보급률이 빨라졌지만, '더 편리한 쇼핑'이 가능하다는 점에서 이러한 트렌드는 이후에도 계속될 것으로 보인다.

또한 젊은 동남아시아의 소비자들은 트렌드에 민감하며 해외 제품에 대해서도 개방적인 편이다. 실제로 싱가포르와 말레이시아는 크로스보더 이커머스 시장의 50%를 차지하고 있으며 싱가포르의 온라인 쇼핑객 중 55%가 해외 판매자와 관련되어 있다. 동남아시아

로케팅

에는 잠정 3억 명의 소비자가 있으며, 이 같은 거대한 시장에 제품과 브랜드를 알리는 것만으로도 굉장한 인지도를 쌓을 수 있다.

물론 여전히 동남아시아는 신용카드 보급률이 낮고 현금 결제에 익숙한 소비자가 많다. 또한 일부 국가에서는 거주지별 은행 시설이 부족한 경우도 있다. 하지만 후불 현금 결제 시스템인 Cash On Delivery(COD) 방식으로 이 같은 부족분을 해결하고 있으며, 계속해서 전자화폐 전환이 이루어지고 있다. 2019년 인도네시아 중앙은행은 QRIS 시스템을 소개하며, 모든 결제 방식에 QR코드를 사용하도록 하는 법령을 제정하기도 했다.

물류 또한 빠르게 발전 중이다. 동남아시아는 대부분 섬으로 이루어져 있어 배송 시스템이 구축되기 매우 어려운 환경이다. 하지만 국가별 허브와 여러 국제 물류회사의 협력을 통해 최근에는 싱가포르, 태국, 필리핀, 말레이시아 등에서 로컬 기준 3일 내 배송받을 수 있을 정도로 개선되었다. 심지어 싱가포르는 세계은행의 물류성과지수(Logisitics Performance Index)에서 전 세계 155개국 중 1위를 차지하는 등 고도화된 물류 인프라를 보여주고 있다.

동남아시아 중 가장 구매력이 높은 국가

- 1인당 8만 달러의 높은 GDP
- 언어: 영어, 중국어 사용
- 동남아시아 국가 중에 인터넷 보급률이나 신용카드 보급률이 가장 높음

싱가포르의 시장 트렌드는 건강, 스포츠, 친환경 관련 상품으로 향하고 있다. 식품 구매 시에도 환경친화적인 제품의 포장을 고려하고 있으며, 채식주의자 증가에 따른 식물성 고기에 대한 수요가 증가하고 있다. 한국산 제품에 개방적이고 품질이 좋다는 인상을 가지고 있기 때문에 한국 상품을 선호하고 있으며, 친환경, 천연재료, 안정성을 강조하는 내용에 포커스를 맞추고 있다.

싱가포르 이커머스 트렌드

싱가포르는 이커머스 시장 규모 중 해외 거래가 60% 규모로 국내 거래 규모보다 크다는 점에 주목해볼 필요가 있다. 싱가포르는 전통적으로 중계무역을 중심으로 발전해왔다. 때문에 해외에서 물건을 구매하는 것에 대해 거부감이 없으며 브랜드 제품을 선호한다.

제품 가격에 매우 민감하고, 합리적인 소비를 원하는 경향이 있다. 또한 제품의 친환경 여부와 지속 가능성을 고려하는 소비자들이 많으며, 고객 리뷰가 주요 구매 원인으로 작용하고 있다. 특히 노인 대상 의료 상품과 디지털 헬스케어 시장이 유망한 성장을 보여주고 있다.

일반적으로 얼리어답터가 많고 첨단 제품에 관심이 많기 때문에 선호하는 브랜드의 신상품을 구매하기 위해 해외 구매를 이용하는 경향도 보이고 있다. 싱가포르는 매년 백만장자 비율이 전 세계 3위 안에 들고 있는 만큼 럭셔리 브랜드의 소비층이 형성된 곳이기도 하다.

싱가포르에서 인기 있는 한국 제품

싱가포르는 디지털 콘텐츠를 소비하는 시간이 늘면서 한국 영화, 드라마, 음악 등에 대한 관심과 수요가 크게 증가하고 있다. 한국 수출 품목 중에서는 뷰티 제품이 1위를 차지하고 있으며, 크로스보더를 통한 이커머스 주문이 전체 60%를 차지하고 있다.

싱가포르의 뷰티 시장은 뷰티 테크 기반의 맞춤형 화장품이 출현하고 있다. 제품의 친환경 여부와 지속 가능성을 고려하는 경향이 있고, 특히 지성 피부용 화장품이 선호된다. 한국 화장품은 메이크업보다는 스킨케어 제품이 선호된다.

싱가포르에서는 피부 진정 성분인 시카, 마데카소이드, 판테놀, 쑥이 인기 있으며, 대표적인 상품으로는 시카 슬리핑 마스크, 비자

시카 라인, 슈퍼 시카 앰플, 순정 라인, 선크림 등이 있다. 또한 지성 피부용 화장품과 마스크팩 등도 인기가 있다.

말레이시아

한국 상품 구매율이 높은 국가

- 평균 연령 28.5세 젊은 국가
- 다민족 국가로 인종별 선호 제품이 다름(이슬람민족 할랄 인증 제품 선호)
- 모바일보다 PC를 활용해 이커머스 제품을 구입하고 상세 설명 여부가 구매에 미치는 영향이 큼
- 한국 제품 구매 시 한국에서의 영향력을 확인 후 소비

말레이시아의 인구 수는 3,200만 명의 상대적으로 적은 숫자이다. 하지만 빠른 인터넷과 정부의 지원 정책을 기반으로 이커머스 시장이 가속화되고 있으며, SNS를 통한 이슈 상품을 선호하고 있다. 말레이시아는 다민족 국가로 이커머스의 주요 고객층은 중국계, 대학 졸업자, 신용카드 보유자이다.

말레이시아 사람들의 60%가량이 컴퓨터를 이용해 인터넷을 이용하고 있으며, 휴대폰 사용자는 95%에 달해 모바일을 통한 온라

인 쇼핑이 증가하고 있다. 말레이시아는 비만과 당뇨가 동남아시아 1위 국가이기 때문에 건강보조식품으로 건강 관리를 하려는 경향이 있다. 말레이시아 정부가 운영하는 의료시설은 대부분 무료이다. 하지만 이용을 위해서는 장기간 대기를 해야 하고 사설 의료시설은 진료비가 비싸기 때문에 건강보조식품으로 건강 관리를 하려는 경향이 있다. 한국의 건강보조식품으로는 죽염, 홍삼 관련 제품, 간 영양제, 프로바이오틱스를 선호하고 있다.

말레이시아에서 한국 상품의 이미지

말레이시아에서도 한국 드라마와 K팝이 높은 인기를 얻고 있다. BTS, 블랙핑크 등의 유명 연예인이 입거나 모델로 활동한 제품이나 한국 트렌드를 따라 하는 젊은 세대들을 중심으로 한국 상품에 대한 판매가 전반적으로 늘고 있다.

한국 상품의 주요 품목으로는 화장품과 의류, 식품 등을 꼽을 수 있다. 특히 한국 화장품은 품질이 좋고 아시아 사람들의 피부에 적합하다는 평가를 받으며 최근 들어 온라인 쇼핑몰을 중심으로 구매가 증가하고 있다. 이슬람 국가인 말레이시아는 식품, 화장품 등에 할랄 인증을 받은 제품을 선호한다.

말레이시아에서 인기 있는 K뷰티 제품

편의성이 높은 멀티 제품 및 소량 제품이 인기를 끌고 있다. 1인

여성 소비자의 영향력이 점차 증가하고 있으며, 다인종 국가로서 다양성을 중시하고 있다. K제품을 구매할 때는 한국의 영향력을 확인한 후에 소비하는 경향이 강조되고 있다.

말레이시아의 뷰티 시장은 블루 오션으로 알려져 있으며, 할랄 화장품의 인기가 높아지고 있다. 또한 인구의 최대 61%가 이슬람교인 말레이시아에서는 안티에이징 및 홈케어 제품에 대한 시장 가능성이 커지고 있다. 피부 진정을 위한 시카와 티트리 성분이 인기 있으며, 홈케어를 위한 뷰티 디바이스와 건강보조식품 등도 인기를 끌고 있다.

필리핀

이커머스 매출 증가율 3위(1위 멕시코, 2위 인도)

- 평균연령 26세에서 2040년은 32세로 예측되어 오랫동안 주요 소비자의 구매 활동 예상
- 온라인 소비자 구매 전환율이 모바일 0.8%, 데스크탑 2%
- 고소득층 인구 1%의 이커머스 이용자가 총 이커머스 소비의 32.7%를 차지

필리핀의 인구는 1억 1만 명 정도로 세계 13위의 인구 수를 가지

고 있다. 필리핀은 열악한 인터넷 환경, 낮은 신용카드 보급률, 취약한 사이버 보안 등으로 이커머스 시장(온라인 쇼핑)은 아직 초기 단계이다. 하지만 이커머스 매출 증가는 전 세계 중 1위를 차지하고 있다. 온라인 식료품의 구매가 증가하였으며, 가톨릭 국가이기 때문에 종교 관련 행사 시즌에는 종교 제품에 대한 소비도 증가하고 있다. 필리핀 현지에서는 온라인과 오프라인 매장 모두 위조 상품이 유통되는 문제가 심각하여 판매 시 정품임을 강조하는 문구들을 많이 사용하는 것이 좋다.

필리핀 뷰티 상품 공략법

한국 제품 중 제일 잘 판매되는 카테고리는 단연 화장품, 식품, K팝 관련 상품일 것이다. 그중 오랫동안 사랑받아온 K뷰티 공략법을 알아보자.

필리핀 스킨케어 시장은 전문화되고 있고, 모공 관리 및 색조 관리에 대한 관심이 높아지고 있다. 유리 피부 콘셉트의 제품이 인기를 끌고 있으며, K뷰티 모방 제품도 시중에 많이 출시되고 있다. 필리핀에서는 색소침착 개선 제품, 모공 피부 톤 개선 제품, 여드름 잡티 개선 제품, 그리고 비만 다이어트 제품이 인기를 끌고 있다.

동남아시아 사람의 피부는 일본, 한국 사람 등의 피부와는 다르게 분류된다. 유분이 많고 색조도 어두운 편이며, 모공 관리, 트러블 관리, 잡티 개선, 자외선 관리 제품 등이 인기를 끌고 있다.

한국인의 유리 같은 잡티 없는 피부를 만드는 콘셉트의 나이트 (저녁) 스킨케어 루틴 영상 등이 인기를 끌고 있고, K뷰티에 대한 로망으로 모방 제품도 시중에 판매되고 있다.

- 한국 인기 제품
- 색소침착 개선 제품
- 모공 피부 톤 개선 제품
- 여드름 잡티 개선 제품
- 비만 다이어트 제품

저가 핸드폰과 건강 제품에 대한 소비가 증가하고 있다. 평균 연령이 점차 높아지고 있는 추세이며, 고소득층의 인구 중 일부가 전체 이커머스 소비의 상당 부분을 차지하고 있다. 이러한 시장에서는 가격 경쟁력뿐만 아니라 제품의 성능과 브랜드 가치도 중요한 요소로 작용하고 있다.

K드라마를 타고 온 K푸드 열풍의 중심

- 이커머스 시장은 코로나19 이후 성장 가속화
- 소셜 구매에서 마켓플레이스 구매로 전환되는 중
- 주요 마켓 플레이스: 라자다, 쇼피, JD센트럴

드라마를 계기로 K푸드의 열풍이 불고 있다. 넷플릭스에서 한국 드라마의 인기로 가정식 관련 고추장, 쌈장 등의 소스류와 라면, 떡볶이 등의 즉석식품이 인기를 끌고 있다.

넷플릭스가 투자한 한국 드라마 등에서 나온 음식들은 태국인들의 식욕을 자극하는 음식들의 수요로 이어졌다. 치맥 열풍과 더불어 칼국수, 김치, 숯불구이, 조개구이, 소주, 라면, 드립커피의 수요를 증가시켰다. 한식당들은 한국 드라마에 등장하는 메뉴를 마케팅 수단으로 적극 활용하고 있다.

태국 화장품 시장 현황

코로나19로 인해 전 세계적으로 화장품 시장은 타격을 입었다. 태국의 화장품 시장 규모는 매년 6~9% 성장해왔지만 2021년 1~7월은 전년동기 대비 8% 이상 감소했다. 색조화장품 매출은 58%가

감소했다가 2023년부터 점차 회복세를 보이고 있다. 그럼에도 한국식의 자연스러운 화장품은 아직까지 한국 색조화장품을 선호하게 하고 있으며, 자연스러운 화장법 연출이 가능한 쿠션 파우더나 아이섀도, 아이브로 펜슬, 립밤 등이 인기를 끌고 있다. 럭셔리 화장품 브랜드들 역시 라자다(Lazada)나 쇼피(Shopee)의 온라인 채널을 적극 활용해 1+1 행사, 1개 구입 시 두 번째 구매 제품 할인 등의 프로모션을 진행하고 있다. 동남아시아는 아직 한국보다 소비 수준이 낮은 국가가 많아, 소포장 제품의 수요도 높은 편이다. 시중에서 판매되는 소포장 제품 등은 스킨케어, 색조화장품, 샤워용품, 샴푸 등 다양하며, 그중에서 특히 하나의 제품으로 눈과 볼, 그리고 입술에 모두 사용하는 립앤드치크 제품과 자외선 차단, 프라이머, 피부 보습까지 한 단계로 사용 가능한 BB프라이머 제품이 인기가 높다.

태국은 세계 15위 규모의 화장품 시장을 형성하고 있으며 동남아시아에서는 최대의 화장품 시장을 보유하고 있다. 이에 태국의 화장품 트렌드를 읽는 것이 무엇보다 중요하다. 짙은 화장보다는 자연스러운 화장법의 유행, 피부 보호를 증진시킬 수 있는 화장품에 대한 관심이 증가하고 있다.

또한 남성 화장품의 개발에도 주목할 필요가 있다. SNS에서는 남성용 색조화장품 추천 관리 게시물과 수많은 남성용 화장품 관련 콘텐츠 및 튜토리얼 동영상이 올라고 있다. 남성 화장품의 경우 한국 아이돌의 스타일 연출을 마케팅 포인트로 홍보하고 있다.

태국은 라이브 커머스가 대세

태국에서는 라이브 커머스가 굉장히 활성화되어 있다. 라자다에서 진행하는 라즈라이브(Lazlive)라고 하는 라이브 커머스가 있는데, 이 경우 주당 6,000건의 세션, 구독 수 2억 회에 달하고 있다. 인기 상품 카테고리는 헬스와 뷰티, 가전, 가정용 운동기구 순이다. 배송 비용에 민감하여 소비자 혜택으로 무료 배송 서비스를 제공할 때 구매율을 높일 수 있다.

인도네시아

동남아시아 가장 젊은 소비의 중심

- 소셜미디어 이용자 수는 1억 6,000만 명
- 이커머스 활성화로 디지털 결제, 물류 시스템, 소매 판매 확대
- 국가별 화장품 및 미용 제품 선호도 설문조사에서 한국 제품을 가장 선호(국가별 제품 선호도(복수응답 가능): 한국 57.6%, 인도네시아 37.4%, 일본 22.7%, 미국 20.1%, 유럽 13.0%, 대만 2.8% 2020 ZAP Beauty)

인도네시아는 2022년 기준 인구 2억 7,000명으로 전 세계 4위를 차지하고 있으며, 인도네시아의 인구 규모가 필리핀, 베트남, 태국의

3개국을 합친 것과 비슷한 수준이다. 인구의 대부분이 34세 이하의 젊은 연령층으로 유지되고 있어 동남아시아 중 가장 젊은 국가이며, 세계에서 4번째로 스마트폰을 가장 많이 사용하는 국가이기도 하다.

말레이시아와 동일한 이슬람 국가로 무슬림들을 고려한 할랄 인증 제품에 대한 판매량이 높다. 소득 계층별, 지역별 인구의 소득 격차가 큰 편이며, 자신의 노력에 따라 더 성공적인 존재가 될 수 있음을 인식하는 웰니스 열풍이 불고 있다.

인도네시아 이커머스 트렌드

고객 경험이 주요 구매 요소로 SNS를 통한 고객 경험이 중요하며, 리뷰가 없는 제품은 구매의사가 없다고 밝혔다. 코로나 시기를 겪으며 위생에 대한 인식이 강화되고 있고, 온라인 구매 비중은 뷰티 & 액세서리가 1위를 차지하고 있다.

한국의 이미지와 제품은 고급 쇼핑몰에서 럭셔리 상품으로 통할 만큼 긍정적인 인지도를 형성하고 있다.

자카르타에서 가장 임대료가 비싼 스망기(Semanggi)에 퍼시픽 플레이스(Pacific Place)에서도 한국의 가전 브랜드인 삼성, LG는 인도네시아에서 프리미엄 제품으로 확실하게 자리 잡았다. 또한 한국 식당 비비고(bibigo)에서도 한국 음식에 대한 열정을 엿볼 수 있다.

인도네시아 한국인 100만 유튜버가 알려주는 한류

인도네시아에서 활동하는 한국인 100만 유튜버 한유라(Han Yoo Ra) 님과도 개인적인 친분이 있는데, 선교사인 아버지를 따라 어렸을 때 인도네시아로 가서 생활했다고 한다. 그때부터 한국의 문화, 뷰티, 메이크업, K팝, 일상 V-log 등에 대해 올리기 시작하면서 인도네시아에서 굉장히 두터운 팬층을 가지고 있다. 나무위키에도 검색될 정도의 방송인이 되었는데, 이분의 말에 의하면 인도네시아는 한국 제품은 너무 귀해서 가지고 싶은 제품이라고 한다.

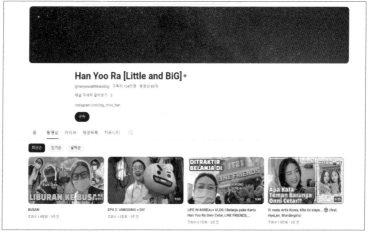

→ 출처: https://www.youtube.com/@hanyooralittleandbig

현재 쇼피나 라자다 모두 인도네시아 정부의 통관 정책으로 스킨케어나 화장품 판매가 불가하며, 현재는 쇼피, 라자다 모두 인도네시아 신규 셀러 입점 자체가 불가능한 상황이다.

베트남

넷플릭스 TOP 7개가 한국 콘텐츠

- SNS에 자주 노출되는 제품이나 드라마, 영화에서 배우들이 사용한 제품이 인기
- 현금 결제를 선호하는 비율이 높음
- 100만 동(한국 금액 약 4만 원) 이상 판매 불가
- 인구 수 약 9,800명, 평균연령 30세로 매우 젊은 시장

베트남 이커머스 트렌드

베트남은 저렴한 인건비와 숙련된 노동력으로 새로운 경제 부흥이 일어나고 있다. 이커머스 시장은 약 30억~50억 달러로 전체 소매시장의 1~3%를 차지하며, 스마트폰의 보급률은 70%를 넘어섰다. 특히 페이스북 판매와 틱톡이 인기를 끌고 있다.

베트남의 젊은 소비자들은 소비 잠재력이 크며, 환경 운동가와 환경 의식이 있는 소비자 비율이 약 35%에 달한다. 온라인 쇼핑몰에서 패션 트렌드를 접하고 제품을 구매하기 전 가격을 비교하는 경향이

강하다. '안정, 신뢰성'을 중요시하여 인지도가 높은 브랜드나 해외 제품을 선호한다.

베트남은 한국 제품이 이커머스로 판매 가능해진 지 얼마 되지 않는다. 동남아시아 이커머스의 시초라고 불리는 라자다 또한 한국 크로스보더 제품을 판매할 수 있게 되기까지 상당한 시간이 걸렸다. 신용카드 보급률이 낮아 2016년까지만 해도 제품 수령 시 현금으로 결제하는 비율이 85%에 달했다(계좌이체 8%, 신용카드 7%). 이렇게 제품을 수령하면 현금으로 지불하는 방식을 일명 COD(Cash On Delivery)라고 부르는데 이로 인한 해프닝도 있었다.

베트남 한국 인기 상품

이커머스로 판매가 어려웠던 베트남은 페이스북으로 제품을 구매하는 성향을 보였다. 한국의 인기 상품 순위는 1위 화장품, 2위 K팝, 3위 식·음료품, 4위 냄비 등 가정용품, 5위 휴대폰 액세서리 등 전자제품이다.

한국의 식·음료품으로는 BTS에 의해 화제가 된 콤부차가 여전히 상위권을 차지하고 있으며, 한국의 커피믹스, 차 종류가 1위에서 10위를 모두 차지하고 있다.

동남아시아는 오랫동안 한국에 열광해온 나라인 만큼 진출한 한국 제품도 많고, 가격 경쟁도 다른 국가에 비해 치열한 편이다. 하지만 그런 만큼 이커머스 프로세스가 안정화되어 있고, 물류비도 저렴한 편이다. 그러다 보니 많은 한국 회사가 진출하고 있다. 브랜드사라면 글로벌 인지도를 높이기 위해 꼭 진출해야 할 선택이 아닌 필수 진출 시장이라고 생각한다.

현재 일본은
4차 한류 열풍

2000년대 이전에만 해도 한국이 일본을 동경하고 열광해왔다. 일본 애니메이션이 선풍적인 인기를 끌었으며, 일본 볼펜, 소니 제품들이나 한국의 아이돌의 일본 샤기컷을 따라 하는 등 일본이 우리나라보다 10년 정도 유행이 빠르다는 이야기도 있었다.

나는 1980년대생으로 급식을 먹어본 적이 없는 X세대이다. 국민학교(현재 초등학교)에 다닐 때만 해도 학교 앞 문방구에 가면 Made in Japan 제품의 가격이 한국 제품의 가격보다 2~3배는 더 높았다. 그래도 견고하고 좋은 제품이라 생각하며 비싼 가격을 내고 구매하는 적도 있었고, 일본 제품을 사게 되면 소중히 여기며 친구들에게 자랑하곤 했다.

X재팬의 '엔드리스 레인' 등의 노래들을 들으며 중학교 시절을 보냈다. 1980년대생이라면 X재팬 하면 아마 많은 분이 알고 있을 것이다. 하지만 이제는 일본이 한국에 열광하고 있다. 더구나 지금은 4차 한류 열풍 시대라고 불린다.

1차 한류 열풍은 2003년 일본에 방영된 드라마 〈겨울연가〉를 시작으로 중장년 여성들에게 욘사마가 아이돌적인 존재가 되면서 한류라는 말이 일본 전역에 퍼졌다.

2차 한류 열풍은 1기 K팝 그룹 빅뱅, 카라, 소녀시대 등이 인기를 끌면서 K팝이 대중화되기 시작했다.

3차 한류 열풍은 2016~2017년 10~20대의 젊은층을 중심으로 월드클래스인 BTS와 트와이스가 인기를 끌면서 얼짱 메이크업이라고 불리는 한국식 메이크업이 확산되었다.

지금은 4차 한류 열풍이라 불리며 2020년 펜데믹 이후 집에서 즐길수 있는 한국의 드라마와 웹툰에 열광하고 있으며, 〈사랑의 불시착〉의 윤세리 헤어스타일로 미용실이 문전성시를 이루기도 했다. 〈여신강림〉 웹툰이 드라마로 나오면서 관련된 헤어 스타일링 기기등도 인기를 끌었다. 또한 〈오징어게임〉 이후로는 한국의 전통음식과 전통과자에 대한 인기와 수요가 높아졌으며, 약과, 한국 전통 그릇 등도 판매되고 있다.

패션을 참고하는 국가 1위 한국

K팝, K뷰티, 치즈핫도그와 닭갈비의 K푸드에 이어 K스트리트 패션이 일본 MZ세대에게 인기다.

지난 일본에서 한 조사에 따르면 일본에선 패션을 참고하는 국가 1위가 한국이며, 한국 문화의 중심지 신오쿠보에서 상품 구매하는 성향을 보이고 있다. 특히 10대와 20대 여성층에서 한국 패션을 참고하는 비중이 압도적이다. 10대의 77.3%와 20대의 56.7%가 패션을 참고하는 나라가 한국이라고 답했고, 30대와 40대, 60대에서도 1위를 차지했다(2021년 라쿠마 사용자 대상 조사). 2016년도부터 시작한 조사에서 7년 연속 1위를 차지했다. 그러나 남성의 경우는 10대의 경우 한국이 1위지만 20대의 경우는 2위로 기록되었다(1위 미국).

2024년 3월 7일간 오사카 한큐백화점 우메다 본점에서 K패션 브랜드를 구매하기 위해 수많은 인파가 몰리며 오픈런 행렬이 벌어졌다. 오픈 첫날 유명 인플루언서가 방문했고, 오픈 직후 많은 인파가 몰리며 일본 내 폭발적인 관심을 입증했다.

기업의 해외 진출 시 일본 시작을 먼저 권장하는 이유

펜데믹 이후 한국의 제품을 온라인으로 구매하는 일본의 소비자가 더욱 급증하였으며, 현재는 1위 중국 다음으로 2위 일본이 한국의 제품을 온라인 직구로 소비하는 국가로 자리 잡고 있다(통계청 온라인 쇼핑 동향 참조).

왜 일본에서 한국 제품을 많이 구매하는지를 생각해보면 지리적으로 근접해 있으며, 큰 이커머스 성장률에 기인한다. 한국에 대한 꾸준한 관심이 있으며, 한류가 계속해서 불고 있다.

실제로 전 세계의 검색어를 살펴볼 수 있는 '구글 트렌드'에서 검색 대상 지역을 '일본'으로 지정하고 '韓国(한국)'을 검색하면 무엇을 검색하는지 볼 수 있는데, 한국의 요리, 드라마, TV 프로그램, 아이돌 등의 검색어들을 자주 찾아볼 수 있다.

일본은 한국에 비해 인구는 1억 3만 명(한국 5,000만 명)으로 많으며, GDP는 4조 3,000억 원(한국 1조 8,000억 원), 이커머스 시장 규모는 206조 원(한국 131조 원)이다.

일본은 전체 이커머스 시장 비중은 전체 소매시장 1,360조 원 중 124조 원으로 약 9%를 차지하고 있으며, 한국이 전체 소매시장 552조 원 중 이커머스 비율이 150조 원으로 약 27.3% 수준인 것에 비해 작은 규모이다 .

그러나 인구와 경제 규모를 감안하면 향후 지속적이고 빠른 성장이 예상되고 있다.

도쿄 신오쿠보에 한국 코리아타운

일본 최대의 코리아타운 신오쿠보는 젊은이들 사이에 핫플레이스다. 한글로 쓰인 간판이나 K팝, K푸드, K뷰티 제품을 만날 수 있는 곳이며, 한국으로 여행을 가지 않아도 여행을 간 것 같은 느낌을 만끽할 수 있다.

- 아이돌하우스: K팝 굿즈숍은 물론 아이돌의 쇼나 콘서트를 볼 수 있는 라이브 하우스가 자리 잡고 있다.
- 명물 한국 음식: 불고기나 떡볶이, 삼겹살, 전 등 한국의 가정 요리를 테이크아웃으로 구매할 수 있다.
- 한국 화장품숍: 로드숍 제품부터 인기 브랜드까지 깜찍한 패키지들의 한국 화장품이 인기를 끌고 있다.

치즈핫도그, 매콤한 먹거리 등 길거리 음식도 인기를 끌고 있으며, 이런 제품군은 크로스보더 판매량도 높은 품목들이다. 단연 일본은 글로벌 시장 진출 시 꼭 1순위로 입점해야 할 국가이다.

03

한국 제품 구매 1, 2위 국가는?

중국은 해외 직접 수출 분야에서 한국 제품 수입 1위 국가로 10년 이상 자리를 굳건히 지켜왔다(통계청 온라인 쇼핑 동향 자료). 하지만 중국의 수입 규제 정책 때문에 코로나 시기와 맞물려 계속 하락세를 보였다. 하지만 중국이 2023년 4분기부터 71.7% 성장세를 다시 회복하고 있으며, 중국에 뒤이어 미국도 17.9%로 한국 제품을 구매하는 국가 2위로 올라왔다. 3위는 일본, 4위는 아세안(동남아시아 등)이다.

제일 많이 구매하는 한국 제품 1위는 단연 화장품이며, 2위 의류및 패션 관련 상품, 3위는 음반, 비디오, 악기, 4위 식료품이다. 하지만 전년 대비 화장품은 15.5% 감소, 식료품은 25.6% 증가, 통신기기는 무려 73.1% 증가했다. 실제로 해외 B2C 물류에서 판매되는 것들을 보면 화장품은 꾸준히 잘 판매가 되고, 식품과 패션 등이 점점 판매량이 늘고 있는 것을 현장에서도 느낄 수 있다.

미국에서 불고 있는 K푸드의 열풍

미국은 다양한 인종이 모여 있는 국가답게 미국인들은 인종차별, 사회적 불평등 등에 민감하다. 미국 소비자들은 자신들의 사용 금액을 바로 확인하기를 원하며, 아마존이나 이베이와 같은 전통적인 플랫폼뿐만 아니라 틱톡, 인스타그램 등의 SNS 플랫폼에서도 구매가 활발히 이루어지고 있다.

K푸드는 미국, 일본, 중국에서 꾸준하게 수요가 되고 있으며, 2024년 상반기에는 미국이 불닭볶음면의 인기를 시작으로 삼양식품의 해외 매출이 8,000억 원을 돌파했으며, 유명 래퍼 카디비(Cardi B)가 직접 까르보 불닭을 요리해서 먹는 영상이 틱톡에 올라가 품귀 현상이 일어나기도 했다.

북미에서 즉석밥과 냉동볶음밥의 수요도 간편식으로 즐겨찾는 제품이 되었으며, 떡볶이와 같은 제품도 한류 문화 확산과 함께 소비가 증가하였다.

김밥 하면 생각나는 한국 드라마의 물결을 타고 김밥 유행을 불러 일으켰으며, 한국의 냉동김밥은 틱톡 영상으로도 화제가 되면서 유명 식료품 체인에도 판매가 되고 있다.

중국에 다시 불고 있는 K뷰티 바람

중국은 2012년부터 한류라는 거대한 바람이 불었으며, 2018년 중국으로 출장을 갔을 때 만난 가이드나 거의 모든 사람이 애플리케이션을 통해 한국 드라마를 보지 않는 사람들이 없었고, 길거리에는 K팝이 흘러나오고 있었다. 그리고 중국의 옷들이나 제품들에 알 수 없는 한국어들이 적혀 있는 것들도 많았다.

그렇게 한국 제품인 것처럼만 보여도 판매가 잘되던 시절이었다.

하지만 정치적인 문제 등과 코로나 시기 이후 수출입 규제, 중국 로컬 브랜드의 성장 등으로 인해 지금은 우리나라가 알리익스프레스나 테무 등의 온라인 쇼핑 플랫폼의 역습을 받고 있는 상황이 되었다.

그래도 중국에서 여전히 사랑받고 더욱 인기를 끌고 있는 제품들이 있는데, 더마코스메틱 제품들이다.

더마코스메틱은 피부와 기술이 적용된 기능성 화장품을 의미하는데, 피부과학을 뜻하는 '더마톨로지(Dermatology)'와 화장품을 뜻하는 '코스메틱(Cosmetic)'의 합성어다. 개인 관리에 대한 관심이 커지면서 중국 소비자들도 이를 위한 지출을 늘리고 있으며, 민감성 피부의 관리를 원하는 소비자가 많아지면서 더마코스메틱 산업이 발전하고 있다.

중국의 더마코스메틱 시장 규모는 2013년 38억 6,000만 위안에서 2022년 285억 위안으로 약 7.5배 성장했다. 민감성 피부를 위한 제품 사용자들은 기본적인 효과가 충족된 이후 더 좋은 기능을 기대한다는 비중이 높다.

글로벌 더마코스메틱 브랜드 '더마펌(DERMAFIRM)'은 고기능성 제품임에도 가격을 합리적으로 책정했다. 그리고 할인혜택을 제공하는 라이브 커머스 방송 등으로 이벤트를 하며 꾸준하게 제품 인지도를 쌓아갔다.

설문조사 결과, 이들은 특히 미백과 노화 방지 효과를 선호한다. 현재 사용하는 제품 효능 만족도 조사를 했을 때 다른 기능에 대한 만족도와 불만족 비중은 큰 차이가 없었다. 하지만 미백 효과와 노화 방지 효과에 만족하지 못하는 소비자 비중이 높았다. 미백 효과에 대해 만족하는 사람은 50.2%, 불만족하는 사람은 56.4%로 6.2%의 차이를 보였다. 노화 방지 기능에 만족하지 못하는 비중은 60.8%인 반면, 만족하는 비중은 50.9%로 9.8%의 차이를 보였다.

이러한 소비자 기대에 따라 기본적인 효과에 미백 효과나 노화 방지 효과가 추가된 고기능성 제품이 인기가 있을 것으로 보인다 (KOTRA 해외 시장 뉴스 참조).

넷플릭스를 타고
한류 열풍이 불고 있는 '인도'

인도는 세계에서 첫 번째로 인구가 많은 국가이지만 공략하기 어려운 국가로 불리고 있다. 인도 정부 정책의 신뢰성 부족, 노동 관련 열악한 조건과 부패, 경쟁과 규제에 대한 애매한 정의 등 인도 진출을 막는 진입장벽들이 존재하고 있다.

그럼에도 불구하고 매력적일 수밖에 없는 이 시장은 세계 4위의 K팝 소비대국이며, 코로나 기간 Lock down(록다운, 외출 자제)으로 인해 집에 있는 시간 동안 넷플릭스 등 채널을 통해 한국 콘텐츠를 접하고 K드라마와 K팝의 관심도가 높아졌다. 그 영향으로 인도에서도 한국이 독보적으로 브랜딩되어 한국의 문화, 식품에 대한 관심이 급증하고 있는 데이터를 확인할 수 있다.

로케팅

인도에 부는 한류 트렌드

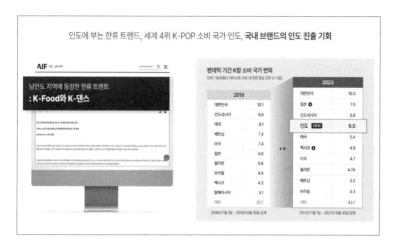

코로나19가 종료되었음에도 이어지는 인도의 이커머스 시장의 성장세는 그만큼 소비자들이 온라인 시장에 익숙해졌음 의미한다. 더나아가 인도 이커머스 시장의 큰 잠재력을 보여주고 있다.

이커머스 산업은 전년동기 대비 주문량이 51.1%로 큰 폭으로 성장했으나, 정부의 수입 규제로 크로스보더 물류는 아직 풀어야 할 숙제이다.

큐익스프레스(Qxpress)가 인도의 DPC인 모모에(MOMOE)를 인수했고, 큐텐(Qoo10)은 인도의 이커머스 샵클루즈(Shopclues)를 인수하여 한국 제품을 판매할 수 있도록 판로를 구축하고 있는 상황이다. 인도는 자사몰과 오픈마켓이 동시에 성장하고 있다. 자사몰 성장률 24%, 마켓플레이스 성장률 31.2%이며, 쇼피파이와 같은 오픈마켓과 함께 성장을 시켜보는 것도 중요하다.

- 1위 뷰티 및 퍼스널케어 제품
- 2위 전자 및 가전제품
- 3위 안경, 패션 액세서리
- 4위 소비재와 농산물
- 5위 건강 및 제약

인도 이커머스 주요 플랫폼
- 1위 아마존 인디아: 식품, 전자기기, 패션, 퍼스널케어
- 2위 플립카트: 식품, 개인 관리, 패션, 전자 및 미디어
- 3위 민트라: 뷰티 및 패션 전문
- 4위 인디아마트: 인도 최대 B2B 플랫폼
- 5위 미쇼: 제조업체와 리셀러를 연결해주는 플랫폼
- 6위 나이카: 뷰티 전문 플랫폼

인도 이커머스 입점을 위해서는 인도 현지법인을 설립해야 하며, 제품별로 인증 등의 문제를 해결해야 한다. 동남아시아, 일본을 시작으로 앞으로 주목해야 할 시장으로 인도를 보고 있는 글로벌라이징에서도 2024년 인도 현지법인을 설립하고 인도 진출을 위한 인증, 마케팅 등을 지원하고 있다.

05

없거나 저렴하거나
또는 '한국'이거나

사람들이 해외의 물건을 사는 이유는 간단하다. 국내 거래 가격에 비해 현지에서 '저렴'하거나 또는 해외에만 판매되는 '차별화된 상품'일 것이다. 이에 쇼핑몰들이 결제와 배송 서비스를 가다듬으면서 온라인 직구, 역직구 시장은 더욱 빠르게 성장하고 있다. 크로스보더 셀러의 역할은 이러한 맥락 속에서 무역업과 같이 '그 나라에 없는 상품을 필요한 사람들에게 파는 일'이라고 볼 수 있다.

우리나라 기업들의 기회는 여기에 '한류'를 더할 수 있다. 지난 코로나 시절 전 세계에 우리나라의 드라이브 스루 검사가 방영되었고, 이와 더불어 한국의 우수하고 정확한 검사키트와 함께 KF-94 마스크는 전 세계에 불티나게 판매되었다. 우리나라 제품이 예민하고도 높은 신뢰를 요하는 의료 분야에서 전 세계 사람들에게 각인되었던 일이라고도 볼 수 있다.

이에 더해 〈오징어게임〉, 〈기생충〉, 〈BTS〉 등 콘텐츠들 또한 연이어 성공하면서, 미국 내 조사에 따르면 한국 하면 떠오르는 K팝, 드라마, 영화, 웹툰 등에 기인해 음식, 음악, 영화, 패션, 화장품 등의 상품 판매로 이어지고 있는 상황이다.

K푸드로 말하자면 넷플릭스에서 큰 인기를 끌었던 〈이상한 변호사 우영우〉에서 '김밥'은 주인공의 스토리라인에서 굉장히 중요한 역할을 하며 전 세계 사람들의 입맛을 자극했다. 또한 드라마에 자주 등장하는 삼겹살, 김치, 한국식 치킨 등 음식에 대한 인지도가 엄청나게 올라가고 있다. 더불어 한국의 음식은 건강하고 영양소가 풍부하다는 인식이 있어 건강 트렌드와 함께 K푸드의 성장은 지속 가능할 것이라는 전망이 우세하다.

실제로 필리핀에서는 가격이 비싼 한식당보다 200페소 이하로 저렴하게 즐길 수 있는 대형 쇼핑몰 한식 코너가 현지의 인기를 끌고 있다. 해외 고객들은 한국의 맛을 내기 위해 한국의 소스를 구매하는 방식으로 본연의 조리법에도 집중하고 있는 모양새다.

K팝은 어떤가? BTS는 팝의 본고장인 미국에서도 한국 아이돌의 인기를 여실히 보여주었고, BTS가 사용한 상품들은 대히트하는 사례가 계속되고 있다. 방송 중에 BTS의 정국이 '콤부차'를 마신다는 말에 한 달 분량이 사흘 만에 판매되고 품절되는 대란을 기억한다면 이해될 것이다. 특히 아이돌 굿즈는 단종이 되면 더욱 희귀템이

되어 비싸게 거래되기도 한다.

물론 1위는 K뷰티로, 가장 오래되었고 가장 큰 규모로 주목을 받고 있다. K뷰티는 한국 아이돌과 드라마 주인공의 외모나 화장법이 인기를 끌면서 부각되는 경우가 많다. 하얗고 깨끗한 피부 그리고 동안 화장 등이 강점이라고 볼 수 있다.

특히 일본의 경우 우리나라 화장품을 좋아하는 국가인데, 스킨케어 수입국 중 한국이 1위를 차지하고 있다. 일본 최대의 화장품 리뷰 사이트인 @COSME의 PICKUP 키워드 한국 화장품의 리뷰는 늘 인기 랭킹에 있다. 미국 또한 한국산 샴푸 수출이 폭발적으로 성장하는 모습을 보여주기도 한다.

K가전 또한 전 세계 1인 가구의 증가로 소형가전 분야의 확대가 진행되는 와중에 '품질'과 직결되는 한국의 소형가전을 신뢰하는 소비자들이 늘고 있다. 이에 삼성과 LG라는 세계적인 가전제품 브랜드의 인지도 또한 한몫하고 있다. 그런데 가전을 수출하는 경우에는 전압을 잘 체크해야 한다. 100V~240V를 자유롭게 쓸 수 있는 '프리볼트' 상품이라면 전환 어댑터를 넣어주거나, 아니면 국가별 전압에 맞는 상품으로 만들어 판매하는 것이 좋다. 다만 최근에는 소형가전 부분에서 USB 충전식이 늘어나고 있어 이 같은 문제들도 점차 줄어들고 있다.

해외 판매를 시작하고 싶은데, 기업이 아니고 제품을 확정짓지 않았다면 다음 도매 사이트 리스트와 카테고리별 판매 확률을 정리해 보았으니 참고해봐도 좋을 것이다.

아이돌 굿즈: 카테고리 판매 확률(40~70%)

아이돌 굿즈는 사실 대량 구매(팔레트 단위)가 아니면 도매로 구하기는 어렵다. 해외에서 인기 있는 아이돌 굿즈 정보를 얻을 수 있는 사이트를 소개하면 다음과 같다. 아이돌에 대한 감이 없을 땐 다음 사이트에서 정보를 보는 것도 도움이 된다.

해외 아이돌 정보

- 케이팝스토어 en.kpopstore.co.kr
- 케이팝타운 www.kpoptown.com
- 인터아시아 www.interasia.co.kr/k-pop-goods

K팝은 네이버의 앨범 전문 사이트에서 구매해서 판매하는 게 좋다.

C2C 소싱하기

- 팬덤뮤직 smartstore.naver.com/fandommusic
- 웨이브스테이션 smartstore.naver.com/wav7

- BABYBYME smartstore.naver.com/rareitem
- KPOPHOLIC smartstore.naver.com/kpopholic
- WISHKPOP smartstore.naver.com/hmmusic
- 음반몰 smartstore.naver.com/cdmall

화장품: 카테고리 판매 확률(30~50%)

해외 인기 있는 브랜드를 확인 후 소싱해 판매해야 하며 화장품은 이미지 저작권 문제가 자주 발생하니 주의가 필요하다.

포유화장품(화곡동 도매, https://foru88.com)을 직접 방문하는 것도 추천한다. 사이트보다 더 최신상의 상품도 많고 직접 여기서 라이브 방송을 진행하기도 한다. 제품 1개도 구매가 가능하다.

- 화장품 샘플 구매하기 좋은 사이트: 화장품도매몰
- 화곡동 화장품 도매카페 화도사: 화도사네이버카페

잘 팔리는 상품이 주기적으로 판매가 되기 시작했을 때 카페를 찾아가 도매거래를 한다. 재고(MOQ)는 최대 2개월 판매량 정도로만 거래한다.

캐릭터 상품: 카테고리 판매 확률(30~50%)

도매숍이라고 보긴 어렵지만 캐릭터 상품을 모아놓은 곳이다. 한국의 라인프랜즈, 카카오프랜즈와 같은 상품들은 일본처럼 팬덤이 강한 국가에서는 판매가 잘되는 품목 중 하나이다. 연초에는 다이어리를 판매도 좋다.

- BT21 브랜드숍 shop.29cm.co.kr/brand/20592
- 라인프랜즈 숍 store.linefriends.com
- 카카오프렌즈 숍 store.kakaofriends.com/home
- 퍼니디 www.brandi.co.kr/shop/funnyd?id=42219

식품: 카테고리 판매 확률(20~40%)

앞서 언급한 것처럼 코로나 이후 한국 식품의 인기가 높아졌다. 실온보관 상품 차/커피, 레트로트 죽, 컵떡볶이 등의 판매가 늘었다. 이슈성으로 판매가 잘된 제품으로는 콤부차(BTS 효과), 지구젤리(유튜버 효과) 등이 있다. 식품은 꼭 도매 사이트를 거치지 않더라도 쿠팡 등에서 구매하여 판매하는 것도 좋다.

- 클릭몰 www.clickmall.kr
- 푸드도매365 food.dome365.com

생활용품: 카테고리 판매 확률(10~20%)

- 아이디어 상품 생활용품: 바나나B2B bananab2b.shop
- 주방용품 도매몰: 키친아울렛 kitchen-outlet.kr
- 핑크돼지도매 pinkdagedome.co.kr
- 아기자기 주방용품: 오네가 onega.co.kr

액세서리: 카테고리 판매 확률(10~30%)

액세서리는 브랜드화도 가능하다는 특징이 있어 주목할 만하다.

- 링카페 ringcafe.com
- 스타일몬스터 m.stylemonster.net

TIP 물론 해외 판매의 경우 도매 사이트를 꼭 이용할 필요는 없다. 구매 대행 방식인 C2C로 감을 익히는 셀러들도 많다. 무엇보다 중요한 것은 해외에서 수요가 있는 제품을 찾는 것이다. 고정적으로 판매되는 제품(최소 2개월에 100개 이상 판매되는 제품)이 생겼다면 그 이후에 도매 거래처를 뚫는 것도 좋다. 아울러 관련한 전략들은 다음 커뮤니티를 참고해보는 것도 추천한다.

- 유통과학연구회 cafe.naver.com/dbstnzld1

- 셀러오션 sellerocean.com

   다시 한번 강조하자면 '수요가 있는 제품을 찾는 것'이 가장 중요하다. 이렇게 하나씩 상품을 찾고 등록하다 보면 점점 해외의 고객들에게 나만의 숍을 브랜딩해 나갈 수 있다.

PART 2

로켓 탑승 준비

세계 시장을 파악하자!

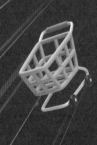

　세상에는 팔 수 있는 상품이 수도 없이 많지만, 결국 중요한 건 사람들에게 필요한 상품을 판매하는 것이다. 다시 말해 '시장성'이 있는 제품을 발굴하고 준비해야 한다. 반드시 성장하는 시장, 트렌드에 맞춰 소비자의 욕구와 필요를 민감하게 읽어주고 채워주는 시장을 선택해야 한다.

　한국을 대표하는 역직구 상품은 K뷰티다. K뷰티는 전 세계에서 놀라울 정도로 각광받으며 수많은 브랜드와 글로벌 셀러를 탄생시켰다. 고리타분한 오래된 성공 방정식이 아니다. 2023년에도 미백 세트, 모공 세트, 트러블 세트 등 기초화장품을 만들어 인플루언서와 협업하는 방식으로 글로벌 마케팅을 진행했던 S사는 2023년 상반기 쇼피 주문량이 일 평균 10건 미만에서 일주일도 되지 않아 주문량이 7,000건을 돌파하며 급격한 성장을 보였다.

주요 글로벌 셀링 국가별 트렌드를 K뷰티 관점에서 정리해보자.

국가	주요 특징	트렌드/특성	인기 제품
일본	한국 화장품 3년 연속 1위	피부 민감성 증가, 온라인 판매 증가	미백/모공 세정 제품
미국	한국 뷰티 제품 수출 증가	다양한 인종 및 사회적 이슈에 민감	K팝 영향으로 한국 뷰티 제품 선호도 상승
동남아시아 전반	한국 제품 및 문화 관심 상승	SNS를 통한 제품 구매 증가	편리한 멀티 제품 선호
싱가포르	한국 제품 및 한류 콘텐츠 인기	환경 고려 제품 선호도 상승	시카/피부 진정 제품
말레이시아	할랄 제품 인기 상승	홈케어 제품 수요 증가	할랄 화장품/ 홈케어 제품
필리핀	온라인 쇼핑 증가, 종교 행사 시즌 소비 상승	피부 관리/ 모공 세정 제품 수요 상승	색소침착/ 모공 관리 제품
대만	아이돌/배우가 홍보하는 제품 인기	가성비 중시, 낮은 현금 결제 취소율	한국 뷰티 제품
브라질	모바일 이용 시간 증가, 한국 콘텐츠 인기 상승	웰빙 제품/ 고품질 제품 선호	기능성 선케어 제품
멕시코	온라인 구매 증가, 미스터리 박스 인기	동물 친화적 제품 수요 상승	미스터리 박스/ 동물 친화적 제품

뷰티 제품뿐만 아니라 앞서 거론한 것처럼 K팝 관련 제품은 물론이고, K푸드와 K패션 등이 꾸준한 증가세를 보이고 있다. 또 국가별 통계자료를 보면 휴대폰 관련 액세서리, 자동차 관련 용품들도 수요가 증가하고 있다.

전 세계에는 글로벌 셀링을 할 수 있는 수많은 이커머스 플랫폼이 존재한다. 이들은 각자의 특성과 장점을 가지고 소비자들에게 다양한 상품과 서비스를 제공한다. 판매자들에게는 다양한 판매 경로를 제공하여 비즈니스 기회를 확장할 수 있게 한다.

한국 셀러들이 한국의 사업자만 가지고 진출할 수 있는 전 세계 이커머스 플랫폼들을 통해 한국 상품을 글로벌 시장으로 널리 알릴 로케팅을 준비해보자!

동남아시아 이커머스 탑승 준비

　동남아시아 이커머스 동향을 살펴보면, 저렴한 가격과 빠른 배송, 그리고 보안이 매우 중요한 요소로 떠오르고 있다. 특히, 한국 제품과 문화에 대한 호기심이 높은 젊은 세대가 많이 거주하고 있다. 이들은 아이돌과 예능 프로그램을 많이 시청하며, 한국의 대표적인 음식인 떡볶이, 김밥, 라면 등도 쇼피나 라자다를 통해 자주 구매하고 있다. 특히 말레이시아와 인도네시아는 종교적인 이유로 할랄 인증을 받은 제품에 대한 수요가 높다.

　동남아시아 국가들은 젊은 세대들이 SNS를 통해 제품을 발견하고 구매하는 경향이 강하다. 따라서 틱톡이나 인스타그램과 같은 플랫폼의 평판을 통해 온라인 쇼핑 사이트를 홍보하고 쇼핑 경험을 개선하는 것이 중요한 포인트로 작용하고 있다.

동남아시아 이커머스 플랫폼

한국 사업자가 바로 입점하고 한국에서 발송할 수 있는 플랫폼들로만 비교 분석해보았다.

	큐텐	라자다	쇼피
입점 자격	개인 또는 사업자 가능	한국 사업자	한국 사업자
입점 수수료	플랫폼 이용료 차등 적용	입점 수수료 없음	입점 수수료 없음
배송 방법	큐익스프레스 또는 풀필먼트 (타 배송사 이용 가능)	한국 라자다 물류 시스템 또는 현지 풀필먼트	한국 쇼피 물류 시스템 또는 현지 풀필먼트
판매 수수료	8~12% (판매자등급에 따라다름)	크로스보더 판매자 7% 라즈몰 9%(공식브랜드)	판매 수수료 4~4.5% PG 수수료2~3.3% 출금 수수료 1~1.2%

배송 방법에 대해서는 이후 PART 4에서 자세히 다루어 보도록 하겠다.

한국 셀러에게 가장 시작하기 좋은 플랫폼 큐텐
(Qoo10.com / Qoo10.sg / Qoo10.my)

큐텐(Qoo10)은 우리나라 오픈마켓의 시초격인 G마켓을 설립한 구영배 대표가 세운 글로벌 이커머스이다. 큐텐은 2008년 1월에 일본에 사이트를 개설한 뒤, 이어서 2008년 11월에는 싱가포르 사이트를 개설하고, 2012년 G마켓 브랜드를 큐텐으로 변경한 뒤 브랜딩을 더욱 강화했다. 그리고 2015년에는 아시아 마켓 플랫폼 Top 3에 진입하였다.

이와 같은 연혁과 함께 이커머스 플랫폼 큐텐을 살펴보면 다양한 장점을 만나게 된다. 먼저, 한국어를 지원하는 관리 프로그램을 통해 손쉽게 상품을 등록할 수 있다. 또한 한국 통장으로 바로 정산을 받기 때문에 페이오니아와 같은 페이먼트 연동 시스템을 이용할 필요가 없다.

Qoo10.com은 전 세계 판매자와 소비자가 만나 사고팔 수 있는 플랫폼으로 만들어졌으며 IT 강국답게 언어, 통화, 도착 국가 등을 설정할 수 있다. 2024년 5월 Wish+로 명칭이 변경되었다. Qoo10.sg는 2024년 현재 싱가포르에서 30% 이상의 시장 점유율을 차지하며 1위를 기록하고 있다.

큐텐 싱가포르가 이처럼 성공할 수 있었던 것은 큐텐의 물류 전문 자회사 큐익스프레스(Qxpress)의 공이 크다. 기존 2~3일에 달하던 온라인 상품의 배송을 큐익스프레스를 바탕으로 당일 혹은 익일로 줄이며 싱가포르에서 온라인 배송의 기준을 바꾸어 놓았다. 큐텐은 싱가포르의 성공을 기반으로 인접 국가인 인도네시아와 말레이시아로 사업을 확장하고 2019년 인도의 샵클루스(Shopclues)를 인수하며 아시아 이커머스 플랫폼의 규모를 넓혀가고 있다.

　또한 큐텐이 진출한 국가에서는 한국인 MD(매니저)들이 직접 셀러를 지원하여 성장을 촉진하고 있다. 큐익스프레스라는 물류 자회사를 통해 해외 배송과 물류를 지원하고 있다. 큐익스프레스는 다른 오픈마켓의 배송 처리도 함께 지원해 큐텐으로 시작한 뒤 글로벌 멀티마켓을 설정하는 전략을 구축할 수 있다. 큐텐은 판매자의 등급에 따라 수수료가 감소하는 혜택을 제공하는 데 더해, 해외 판매 시에는 부가세 환급도 손쉽게 받을 수 있어 판매자들에게 매력적인 선택지가 된다.

　큐텐이 글로벌 사이트와 국가별 사이트를 운영하는 이유는 해당 지역 시장의 특성에 맞게 서비스를 제공하기 위해서다. 각 사이트는 해당 국가의 마켓 상황에 밝은 한국 MD들이 큐텐의 입점과 판매를 지원하고 있으며, 로컬에서 열리는 다양한 국가적, 지역적 행사에 이벤트를 적극적으로 지원하고 있다.

　숨 가쁘게 성장해온 큐텐은 2017년에 일본 사이트를 이베이에 매각하면서 현재의 큐텐은 큐텐닷컴과 큐텐 이베이재팬으로 나뉘게 되었다.

알리바바의 동남아시아 이커머스 플랫폼 '라자다'

라자다는 동남아시아 최대의 온라인 쇼핑 플랫폼 중 하나로, 2012년에 론칭되었다. 이후 급속한 성장을 거듭하여 동남아시아 지역의 이커머스 시장에서 중요한 위치를 차지하고 있다.

라자다는 알리바바 그룹의 소유로 인도네시아, 말레이시아, 필리핀, 싱가포르, 태국 및 베트남과 같은 주요 동남아시아 국가들에 서비스를 제공하고 있다. 이 플랫폼은 소비자들에게 다양한 제품 카테고리와 브랜드를 제공하며, 사용자 친화적인 쇼핑 경험을 제공하기 위해 계속해서 혁신적인 쇼핑 경험을 개발하고 있다.

알리바바의 또 다른 커머스인 알리 익스프레스(Ali Express)가 중국을 기반으로 주로 중국 판매자들의 제품을 글로벌하게 판매하는 플랫폼인데 반해, 라자다는 동남아시아 지역에서 다양한 국가의 판매자들이 참여해 상품을 판매하고 있다는 점이 가장 큰 차이다.

라자다의 물류는 주로 자회사인 eLogistics(이로지스틱스, Lazada eLogistics)에 의해 설정할 수 있는데, 라자다는 다양한 글로벌 물류 파트너들과 협력하여 특정 국가 또는 지역의 물류를 보다 효율적으로 처리하고 있다는 것도 주목할 만하다.

동남아시아 진출 필수 마켓으로 자리 잡은 '쇼피'

글로벌 오픈마켓에서 굉장한 급성장을 보이고 있는 곳이 바로 쇼피다. 2023년 기준으로 쇼피는 아마존, 이베이, 라쿠텐에 이어 마켓 순위 4위를 차지했으며, 이제 셀러들에게 동남아시아 시장 진출을 위해서 쇼피는 필수적으로 진출해야 하는 마켓으로 인식되고 있다.

쇼피는 2015년에 싱가포르의 인터넷 기업인 씨 리미티드(Sea Limited, 이전명 Garena)에 의해 설립되었다. 동남아시아의 대표적인 다국적 기업인 씨 리미티드는 디지털, 이커머스, 금융 서비스를 제공하는 기업이며 대표적으로 동남아시아 최대 이커머스 플랫폼인 쇼피와 디지털 결제 플랫폼인 씨 머니(Sea Money)를 운영하고 있다.

쇼피는 인도네시아 시장에서 시작한 후 말레이시아, 태국, 대만, 필리핀, 베트남 등 동남아시아 지역의 다양한 시장으로 확장했다. 2017년에는 인도 시장에 진출했으며, 쇼피는 매년 열리는 대규모 할인 이벤트인 11.11(Shopee 11.11 Big Sale) 등을 통해 소비자들의 관심을 끌었다.

2018년에는 태국에서 이커머스 플랫폼으로 가장 많은 다운로드를 기록했고, 2019년에는 대규모 할인 이벤트 및 프로모션을 통해 인도네시아 및 필리핀 등에서 매출을 크게 증가시켜 대표적인 동남아시아의 쇼핑몰로 자리 잡았다.

쇼피는 2020년에 코로나19 대유행으로 인한 온라인 쇼핑의 증가에 따라 상품과 서비스를 확대하고 엄청난 사용자들의 수요를 모으며 폭발적인 성장을 거듭했다. 현재 동남아시아를 중심으로 글로벌 이커머스 시장에서 선두를 유지하고 있다.

해외에서는 더 친숙한 라이브 스트리밍

동남아시아의 젊은 세대들은 라이브 커머스를 굉장히 잘 활용하고 있다.

'글로벌 경제위기 속에 소비자들은 소확행!'

고가의 상품 지출을 줄이고 부담스럽지 않은 가격대의 제품으로 작은 행복을 주는 소비를 좋아하며 대기업 위주보다는 고객이 고객에게 판매하는 듯한 소비 형태인 C2C를 지향하고 있다. 오픈마켓과 소셜미디어 모두 라이브 스트리밍에 주목하고 있다. 라이브 커머스는 라이브 스트리밍과 이커머스의 합성어로 라이브로 물건을 구매한다는 장점이 있다.

소비자들은 직접 판매자와 소통하며 자유롭고 솔직하게 제품을 구매할 수 있는데 매우 만족하고 있다. 라이브 스트림 동안 라즈라이브(LazLive) 또는 쇼피라이브(Shopee Live)에서 라이브 스트림 호스트는 라이브 중에 바우처를 제공하는 옵션을 가지고 있다. 시청자들은 라이브 스트림 중에 코인을 제공하거나, 경매를 하거나, 이벤트로 선물을 주는 등 다양한 방법으로 라이브를 즐기고 동참하고 있다.

일본 이커머스 탑승 준비

브랜드를 갖고 있는 기업이라면 첫 번째로 입점을 추천하는 국가는 일본이다. 일본은 소매시장의 규모가 크고 이커머스 시장이 빠르게 성장하고 있으며, 한국에 대한 이미지가 좋고 한국 상품의 수요가 꾸준히 늘고 있는 나라이다.

일본에 판매할 수 있는 플랫폼 '큐텐재팬(Qoo10.jp), 아마존재팬(Amazon.jp), 라쿠텐(Rakuten.jp)'

일본은 한국 셀러들에게도 지리적으로 또 경제 규모로도 매력적인 국가라고 볼 수 있다. 일본 진출을 위한 대표적인 마켓으로는 '큐텐, 라쿠텐, 아마존'이 있다. 큐텐과 아마존은 글로벌 커머스의 일본 지역 버전으로 로컬화되어 일본에 특화된 서비스를 제공하고 있다. 라쿠텐은 일본의 대표적인 로컬 인터넷 서비스 기업으로 1997년에 설립되었다. 현재는 라쿠텐 또한 전 세계적인 쇼핑 플랫폼을 제공하고 있다.

	큐텐 재팬	아마존 재팬	라쿠텐
입점 자격	개인 또는 사업자 가능	개인 또는 사업자 가능	설립 1년 이상 법인 (일본어 가능 직원 필수)
입점 수수료	입점 수수료 없음	월 39.99달러 또는 6개월간 4,900엔	초기 등록비용 60,000엔, 월 고정비 50,000엔
배송 방법	큐텐재팬 공식 배송사 활용	FBM(셀러 직접 배송) FBA (아마존 주문 처리)	판매자가 직접 해외 배송 서비스로 발송
판매 수수료	8~10% + 해외 발송 수수료 2% 1회 150엔 출금 수수료	10~18% 페이먼트 수수료 FBA 수수료	2.0%~4.0% (모바일 +0.5%) + 결제 수수료 2.5% ~ 3.5%
주요 판매 품목	의류, 화장품, 식품 등	서적, 식품, 가전 등	의류, 서적, 가전 등

야후재팬도 일본의 4대 플랫폼 중 하나이지만 현지 법인과 주소, 계좌가 필요하기 때문에 현재 한국 사업자로는 입점이 불가하다.

일본 내 이커머스 순위는 다음과 같다.

- 1위 아마존재팬: 한국법인 입점 가능

- 2위 라쿠텐: 한국법인 입점 가능
- 3위 야후쇼핑: 프리미엄 회원정책
- 4위 큐텐재팬: 한국법인 입점 가능
- 5위 메루카리: 중고 거래 플랫폼
- 6위 조조타운: 의류 특화 플랫폼

하지만 한국 제품을 구매하려는 소비자들은 일본 국내 상품과 함께 해외 상품도 원스톱으로 구입이 가능하다. 그리고 한국 사업자가 직접 판매하는 상품이 많은 큐텐재팬에서 구매하는 성향을 보이고 있다. 큐텐재팬은 20대 여성 회원이 중심으로 의류, 화장품, 식품 등을 구매하고 있다.

일본 이커머스 사용자를 분석해보면 젊은 MZ세대가 많이 구매하고 있다. 특히 큐텐재팬의 경우 트렌드에 민감한 젊은 MZ세대의 10~30대가 구매자의 67%를 차지하고 있다. 또한 여성이 78%, 남성이 22%를 차지하고 있어 여성을 타깃으로 하는 상품이 유리하다 (2023 Qoo10 분석 리포트 참조).

잘 팔리는 카테고리로는 1위 뷰티 화장품, 2위 여성 패션, 3위 식품, 4위 전자제품이다.

일본 뷰티 이커머스 트렌드

일본의 뷰티 시장은 한국의 스킨케어 제품에 대한 수요가 높다. 한국 제품은 일본의 스킨케어 시장에서 연속으로 3년 동안 1위를 차지하고 있으며, 2024년 총수입량도 증가세를 보이고 있다. 특히, 한국 화장품은 드러그스토어에서 가장 높은 판매 비율을 기록하고 있는데, 일본 최대의 화장품 리뷰 사이트인 @COSME에서도 한국 화장품이 리뷰와 인기 랭킹을 석권하고 있다.

일본의 소비 성향은 코로나19 이후 홈케어 제품에 대한 수요가 증가하고 있는 모양새다. 특히 마스크 착용으로 인해 피부 민감성이 증가하면서 피부를 진정시키는 제품에 대한 관심이 높아졌다. 온라인 쇼핑의 증가에 따라 화장품 소비는 직접 발라보고 소비하는 것에서 온라인 구매로 전환되고 있으며, SNS를 활용한 라이브 판매와 온라인 카운슬링이 증가하고 있다.

일본 뷰티 시장의 특성은 앞서 언급한 것처럼 피부 트러블 및 주름 개선 스킨케어 제품의 수요가 증가하고 있다. 그런데 화장품을 수출할 때는 56개의 효능 및 효과만을 표방할 수 있으며, 모든 성분을 일본어로 기재하고 후생노동성 승인을 받아야 한다는 점을 기억해야 한다.

큐텐 메가와리를 준비하라

일본은 큐텐 메가와리라는 프로모션이 1년에 4번 정도 열리는데

이때 평소 판매량보다 높게는 30,000% 이상의 증가를 보이기도 한다. 메가와리(메가할인) 프로모션이란 큰 할인혜택을 제공하기 위해 진행되는 큐텐의 대규모 쇼핑 축제이다. 때문에 모든 판매자가 9일간 열리는 이 쇼핑데이를 준비하며 3개월을 보낸다고 봐도 과언이 아닐 정도로 많은 판매량이 몰리게 된다.

메가와리 대상 상품은 '메가할인' 태그가 붙게 되며, 메가할인 상품만 따로 모아 검색할 수 있다(メガ割 체크박스 선택/メガ割 ON 설정 시).

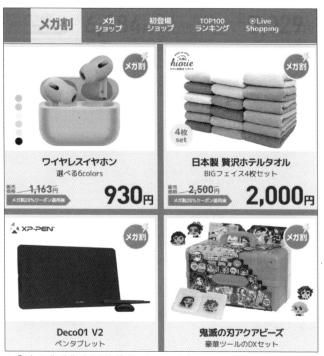

→ 출처: 큐텐 재팬 메가와리 행사(출처: m.qoo10.jp)

메가와리 행사에 참여하게 되면 메가와리 할인쿠폰이 발행되는데 이 기간 동안 총 9매가 3매씩 순차적으로 발행된다. 이 쿠폰을 사용하게 되면 총 20%의 할인을 받게 되므로 구매자 입장에서는 굉장히 큰 할인이며, 메가와리 행사 참여전에서 가격을 올리게 되면 참여 대상에서 제외된다. 이 쿠폰의 할인 가격은 셀러와 큐텐재팬이 50%씩 공동 부담한다. 메가와리에 참여하기 위해서는 이전 분기에 1건 이상의 상품 판매 이력이 있어야 하며, 주문 취소율이 10% 미만이어야 한다.

Selling Tip

큐텐재팬은 상품 가격과 배송비를 나눌 수 있다.

배송비를 따로 받는 제품

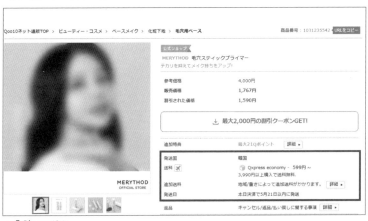

→ 출처: qoo10.jp

무료배송 제품

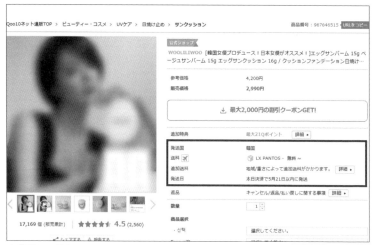

→ 출처: qoo10.jp

고객이 묶음 배송을 유도하기 위해서는 상품가격과 배송비를 나누어서 세팅하기도 한다. 큐텐은 배송비를 '상품 관리 ⇨ 배송비 관리' 탭에서 판매자가 직접 설정할 수 있으며, 판매 수수료는 상품 가격과 배송비에 모두 적용이 되므로 어차피 정산받는 금액은 동일하다.

하지만 메가와리 쿠폰은 상품 가격에만 적용된다는 점을 알아두자! 만일 고객이 메가와리 할인쿠폰을 사용한다면 3,000엔 이상 구매 시 할인 쿠폰을 받았을 때 배송비와 상품 가격이 나누어져 있다면 할인을 받지 못하게 된다. 그러므로 무료배송 상품이 고객의 선택을 받을 확률이 높다!

일본에 진출하는 한국 기업이라면 진입장벽이 낮은 큐텐부터 시작하자. 그리고 아마존, 라쿠텐 순으로 진입하면 일본 시장을 이해하고 성공 전략을 세우는 데 조금 더 도움이 될 것이다.

북미 이커머스 탑승 준비

03

　미국 이커머스 전 세계 시장의 1위는 독보적으로 아마존이 차지하고 있다. 2023년 미국 이커머스 시장 중 아마존은 37.6%의 점유율을 보여주며 명실상부 1위를 차지했으며, 한국 소비자들도 아마존은 매우 친숙한 마켓으로 미국 수출을 준비하는 회사들이 가장 먼저 진출을 고려하는 마켓이다. 미국뿐 아니라 전 세계 이커머스 시장 점유율도 단연 아마존이 1위이고, 2위가 이베이(EBAY)다.

	유형	국가명	지역/국가	상품 카테고리	월 방문자 수(명)
1	⚇🛒	아마존	전 세계	일반	47억 9,000만
2	⚇	이베이	전 세계	일반	12억 1,000만
3	⚇	라쿠텐	전 세계	일반	5억 6,337만
4	⚇	쇼피	동남아시아	일반	5억 5,959만
5	⚇	알리익스프레스	전 세계	일반	5억 2,545만
6	⚇	엣시	전 세계	예술, 공예품 & 선물	4억 4,730만
7	⚇🛒	월마트	북아메리카	일반	4억 761만
8	⚇	메르카도리브레	라틴아메리카	일반	3억 6,290만
9	⚇🛒	와일드베리	러시아	일반	3억 4,285만
10	⚇🛒	오존	러시아	일반	3억 1,600만
11	⚇	타오바오	중국	일반	3억 343만

→ 참고 : ⚇ 마켓플레이스, 🛒 리테일러 (https://www.webretailer.com/)

미국에 판매할 수 있는 플랫폼
'아마존(Amazon)'과 '이베이(eBay)'

미국에서 판매할 수 있는 오픈마켓 플랫폼은 다양하지만 한국 셀러 입장에서 주요한 플랫폼은 '아마존'과 '이베이'다. 아마존은 세계적으로 가장 큰 온라인 쇼핑 플랫폼으로 거의 모든 종류의 제품을 판매할 수 있다. 개인도 기업도 모두 상품을 등록해 판매할 수 있다.

특히 FBA라는 아마존 풀필먼트를 통해 물류와 판매를 효과적으로 서비스하고 있다.

이베이 또한 미국의 대표적인 이커머스 기업으로 온라인 중고품 경매로 시작해 현재는 여러 이커머스 기업을 인수합병 하며 글로벌 커머스 그룹으로 거듭났다.

	아마존	이베이
입점 자격	개인 또는 사업자 가능	개인 또는 사업자 가능
입점 수수료	일반: 판매 품목당 수수료 0.99달러 프로페셔널: 월 39.99달러	입점 수수료 없음
배송 방법	FBM(셀러 직접 배송) 또는 FBA(아마존 주문 처리)사용	판매자가 직접 해외 배송 서비스를 통해 발송
판매 수수료	판매 수수료 8~15% 페이먼트 수수료 1~1.2% FBA 수수료 별도	판매 수수료 9~14% (해외 거래 수수료 포함) 페이먼트 수수료 1~1.2%

미국 이커머스 트렌드

북미 마켓에서는 최근 한국산 샴푸 수출이 2023년 대비 약 176% 증가하고 있으며, K팝과 관련된 한국 연상 이미지가 강조되고 있다. 또한, 최근에는 소셜미디어나 온라인을 통해 제품 관련 리뷰를 참고하여 구매하려는 소비자들이 증가하고 있다. 이는 기존 오프라인 중심 판매가 온라인 중심으로 이동하는 추세를 보이고 있다.

북미 시장의 특성으로는 2024년 미국 소비자들의 삶을 단순화하려는 노력이 두드러지며, 영상과 음악 등의 멀티미디어를 활용한 스트레스 해소가 늘어나고 있다. 반대로 사회적 문제, 평등, 기후 재앙 등에 대한 관심은 감소하고 있는 것으로 나타나고 있다.

북미 소비자의 성향은 다양한 인종이 모여 있는 국가적인 특성을 반영하여 인종차별과 사회적 불평등에 민감한 경향을 보이고 있다. 2022년에도 유색인종 및 소수 민족계 집단에 과도하게 폭력을 휘둘러도 처벌을 받지 않은 경우가 여전히 존재해, 미국 워싱턴 국회의사당 근처에서 시위자들이 인종차별 철폐에 대한 시위를 한 바 있다. 때문에 상품 제작이나 상품페이지, 마케팅 시 이런 주의가 필요하다.

사이먼데이와 블랙프라이데이

미국소매협회의 조사에 따르면 2023년 블랙프라이데이(11월), 사이먼데이(12월)에 기록적인 매출을 냈다. 이커머스 쇼핑객이 오프라인 매장 쇼핑객보다 월등히 많았으며, 특히 사이먼데이 온라인 쇼핑객은 3배 넘게 차이가 났다. 사이먼데이 매출은 전년 대비 9.6% 증가한 126억 달러, 사이버위크(주간) 피크 시즌은 전년 대비 7.8% 380억 달러가 증가한 기록적인 매출을 냈다.

전 세계 이커머스 트렌드로 보면 미국 또한 경제 침체로 인해 고객들은 더욱 신중하게 구매를 고민하고, 한정된 자원 내에서 최선을 선택을 하기 위해 가격이 구매에 많은 영향력을 미친다. 때문에 제품의 가치를 강조하면서 소비자에게 셀러의 가격을 번들딜과 할인 등을 통해 매력적으로 보이게 하는 것이 중요하다.

미국에서도 라이브 커머스 열풍

미국 소비시장에서 라이브 커머스는 동남아시아 등의 나라에 비해 활성화 측면에서 미비한 편이었다. 하지만 코로나19로 인해 온라인 활동과 소비가 집중되면서 소비자와 소통할 수 있는 라이브 커머스의 열풍이 불고 있다.

미국의 유명 농구선수가 진행했던 라이브 커머스에서 운동화가 5분 만에, 옷은 10분 만에 매진되기도 했다. 코로나19 기간 동안 소통에 목말랐던 소비자들에게 즉각적으로 질문에 반응하고 패션 코디법, 메이크업 연출법 등을 알려주는 라이브 커머스는 시각적 이목을 끌기에 충분했다.

미국의 3대 라이브 커머스

- 아마존 라이브(Amazon Live)
- 페이스북 라이브(Facebook Live)
- 틱톡 라이브(TikTok Live)

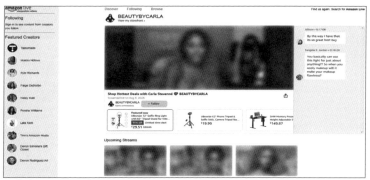

→ 출처: amazon.com/live

북미에서도 라이브 커머스가 인기를 끌고 있다. 아마존은 2017년 인플루언서와 협업해 어필리에이트를 제공하는 방식의 아마존어소시에이츠(Amazon Associates)를 론칭했다. 이후 2019년 아마존 라이브를 론칭한 후 패션, 뷰티, 식품, 가전, 건강, 취미 분야 등 다양성을 확대하고 'AMAZON Live Creater Ap'이라는 앱을 통해 실시간 커뮤니케이션을 원활하게 할 수 있도록 지원하고 있다.

라이브 커머스의 인기 품목은 의류(35.6%), 화장품(7.6%), 신선식품(7.4%), 전자기기(4.6%), 가구(3.6%), 자동차(0.2%) 순이다.

이베이: 글로벌 당근마켓

이베이를 처음 경험했을 때 당근마켓의 원조 같은 느낌이 강했다. 처음 글로벌 시장에 진입하면서 배우게 된 마켓 중 하나인데, 그때 당시 가르쳐준 강사님께서 해주신 말이 아직도 기억이 난다. 2016

년이었는데 '신던 양말도 파는 마켓'이라고. 그 당시 치킨을 먹으면 사은품으로 주던 아이돌의 포토카드들을 이베이에 올리면 불타나게 팔리곤 했다. 지금의 포켓몬스터 카드를 당근마켓에 올리고 파는 상황이라고 보면 될 것 같은데 만나서 교환하느냐, 우체국 소형 포장물로 보내느냐의 차이인 것 같다.

2021년 이베이에서 '어몽어스'를 닮은 BTS 맥너겟이 1억 원에 낙찰된 바 있다. 나도 처음 이베이를 시작했을 때 트와이스 블루투스 스피커 한정판을 소량 구매해 이베이에 2배가 넘는 금액에 판매한 적이 있다.

이것이 가능한 이유는 이베이의 옥션 기능, 즉 경매 시스템 때문인데 이게 바로 이베이의 특징이라고 볼 수 있다. 세상에 하나밖에 없는 제품이 있다면 무엇보다 이베이에 올려서 전 세계 사람들에게 경매를 붙여야 하는 것이다.

혹시 〈주먹왕 랄프 2〉를 보았는가? 그 영화의 주인공들은 오래된 게임기 속 캐릭터들인데, 게임기의 핸들이 망가지면서 그 핸들을 팔고 있는 인터넷 속으로 들어가게 된다. 그 마켓이 바로 이베이다!

하나밖에 없는 오래된 게임기의 핸들을 사기 위해 재미있다고 망치를 두들기다가 게임기 핸들의 가격은 눈덩이처럼 불어나고, 그 게임기의 가격을 벌기 위해 주인공이 유튜브 영상을 찍는 이야기가 펼쳐진다. 이베이를 알고 있었기에 그 영화를 보면서 많이 웃었던 기억이 난다.

이베이는 이런 특성이기에 사업자가 없어도 판매가 가능하다. 또한 다른 마켓에 비해 국가에 국한되지 않고 전 세계에서 구매하는 성향이 가장 강하다. 만일 내가 한정판 또는 경매에 붙일 만한 희귀한 상품을 가지고 있다면 이베이에 계정을 만들어 전 세계 사람들을 대상으로 경매에 붙여보는 것도 재미있을 것이다.

이와 같은 특성을 보면 아마존은 비즈니스적인 성향이 강하다. FBA이라는 아마존 창고에 제품을 입고하려면 무역 거래와 마찬가지로 판매를 위해 미국에 제품이 입고되는 것이므로 이와 관련된 인증이 필요하다.

아마존이 미국의 아니 전 세계의 1위 시장으로 우뚝 선 것은 단연 FBA 시스템이 아닐까 싶다. FBA 시스템이란 아마존 전역에 창고를 만들어 미국 동부에서 서부까지 배송을 하려면 7일 이상 소요되던 미국 내 배송을 단 2일(48시간) 안에 배송하는 프라임(PRIME) 서비스를 만들면서 이커머스 시장의 지각 변동을 만들었다.

아마존의 모든 시스템을 그대로 가지고 온 것이 한국의 쿠팡이다. 한국의 2일 배송을 당일배송으로 바꾸었던 쿠팡의 로켓배송의 모태가 된 것이다.

이베이는 스마트스토어나 중고나라, 당근마켓 같은 느낌도 가지고 있으며 접근성이 쉽고 제품이 1개라도 판매할 수 있는 자유로운 시장의 느낌이다.

04

중국 이커머스
탑승 준비

중국은 거대한 14억 인구를 가지고 있으며 전 세계 디지털 구매자의 33%가 중국인이다. 중국의 한류는 외교적인 문제 등으로 인해서 하향세를 보이고 있었다. 매분기 1위를 차지하고 있던 중국의 해외 직접 수출액도 2017년 이후 꾸준히 감소세를 보여왔지만 2024년 상반기부터 다시 상승세를 보이기 시작했다.

→ 출처: taobao.com

중국 이커머스 시장 플랫폼별 M/S

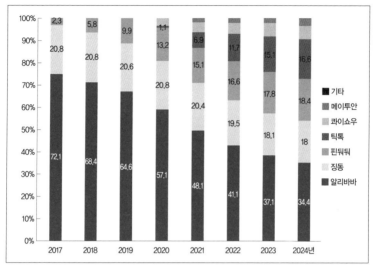

→ 자료 : CICC, 미래에셋증권 디지털리서치팀

K뷰티의 경우 과거 한류 열풍과 함께 크게 성장했다. 지금은 하락세를 보이고 있지만 중국에서 한국의 뷰티 유튜버 PONY가 메이크업 아티스트로 유명세를 타면서 한국 화장품 업체와 협력해 브랜드를 설립하고, 타오바오에 입점해 상당히 높은 매출을 거두며 화제를 모으기도 했다.

기존에 알리바바는 중국 이커머스 시장의 62%를 차지하는 이커머스 1위 기업이며, 타오바오, 알리바바, 알리 익스프레스, 티몰 모두 알리바바 그룹의 이커머스 플랫폼이다. 징동닷컴 또한 2위 마켓으로 꾸준히 자리매김하고 있었으나 틱톡, 핀둬둬(쇼핑몰 테무 소유 회사)가 빠른 성장세를 보이고 있다.

2023년 중국 크로스보더 이커머스의 수출입 규모는 2조 3,800억 위안이며 전체 수출입 규모의 5.7% 수준이다.

	제품 선정	제품 공급	가격 결정	마켓 운영	배송	교환/ 환불
알리 익스프레스	셀러	셀러	셀러	셀러	셀러	셀러
테무	플랫폼	셀러	플랫폼	플랫폼	플랫폼	플랫폼

핀둬둬의 테무(Temu)는 D2C 모델을 확실하게 보여준다. 완전 위탁 관리 비즈니스 모델을 도입해 제품을 생산하고 테무 물류창고까지만 입고하면 제품별 최저가 가격 입찰을 통해서 입고된 상품의 판매 가격은 플랫폼에서 결정하여 판매, 마케팅, 환불까지의 모든 과정을 플랫폼 안에서 진행한다. 때문에 마케팅팀이 따로 없는 중소 제조업체도 온라인 판매를 쉽게 할 수 있다.

플랫폼이 가격을 결정하기 때문에 셀러의 수수료, 물류비, 광고비 청구도 없으며, 제품 공급가에서 테무가 알아서 제품의 판매를 진행하게 된다. 셀러는 테무에 공급 마진만 생각하면 된다.

로케팅

테무 완전 위탁 관리 비즈니스 모델

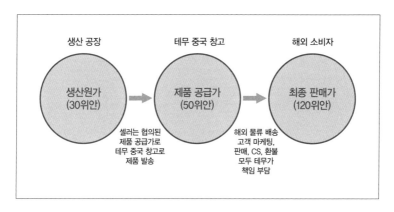

중국의 이커머스 트렌드는 라이브 방송, 쇼트 클립이며 모바일 커머스는 가성비와 소통을 좋아하는 중국의 1990년대, 2000년대 젊은 세대들의 시선을 사로잡고 있다. 주력 소비층으로 주목받는 이들의 43%는 KOL(Key Opinion Leader), 즉 왕홍의 의견에 따라 구매 결정을 내린다.

중국의 '립스틱오빠'라고 불리는 '이가기'는 틱톡, 레드, 콰이쇼우, 웨이타오 등 중국 소셜미디어를 활용해 1,700만 라이브 스트리밍 조회 수를 달성하고 방송 15분 만에 5,000개의 립스틱을 판매하며 평균 한 방송당 350만 위안(한화 약 6억 원)을 판매했다.

중국은 다른 국가에 비해 알리바바 그룹의 마윈 회장이 만든 타오바오를 시작으로 이커머스가 빠르게 성장했다. 넓은 면적에 비해 물류비도 저렴하며 위챗페이, 알리페이 등 가상화폐 시장이나 왕홍

마케팅, 라이브커머스 등 모든 면에서 앞서갔다.

2011년부터 이커머스 시장 평균 증가율이 38%인 중국을 모니터링하면서 글로벌 비즈니스를 한다면 조금 더 성공적으로 운영해 나갈 수 있을 것이다.

앞으로 알리, 테무의 운영 방식이나 마케팅 방법도 주목해볼 필요가 있다.

05

인도 이커머스
탑승 준비

인도의 이커머스 거래량은 코로나19 팬데믹 이후 7배가량 늘면서 굉장히 뜨거운 글로벌 이커머스 시장으로 주목받고 있다. 코로나19 이후에도 이어지는 인도의 이커머스 시장의 성장세는 그만큼 소비자들이 온라인 시장에 익숙해졌음을 의미한다. 더 나아가 인도 이커머스 시장의 큰 잠재력을 보여주고 있으며, 전년동기 대비 주문량이 51.1%로 큰 폭으로 성장했다.

인도 이커머스 주요 플랫폼
- 1위 아마존 인디아: 식품, 전자기기, 패션, 퍼스널케어
- 2위 플립카트: 식품, 개인 관리, 패션, 전자 및 미디어
- 3위 민트라: 뷰티 및 패션 전문

- 4위 인디아마트: 인도 최대 B2B 플랫폼
- 5위 미쇼: 제조업체와 리셀러를 연결해주는 플랫폼
- 6위 나이카: 뷰티 전문 플랫폼

주목할 만한 이커머스 시장: 샵클루즈(ShopClues)
- 큐텐은 2019년 셀러 70만 명, 구매회원 6,000만 명이 하루에 6만 건 이상을 배송 처리하고 있는 이커머스 플랫폼 샵클루즈를 인수
- 큐익스프레스는 샵클루즈가 운영해온 물류 자회사(MoMoe)도 함께 인수
- 국내 중소기업의 인도 시장 진출의 교두보가 될 것으로 전망

인도 이커머스 시장은 넓은 국토를 보유하고 있는 만큼 원활한 물류 서비스를 제공하는 일도 쉬운 일은 아니다. 남인도 대표 물류 거점 첸나이에서 북인도에 위치한 인도의 수도 델리까지 트럭으로 배송하려면 거리로 2,200km, 기간은 약 7일 정도 소요된다.

이커머스 품목별 판매 순위를 보면 1위 뷰티 및 퍼스널케어 제품, 2위 전자 및 가전제품, 3위 안경, 패션 액세서리, 4위 소비재와 농산물, 5위 건강 및 제약 순이며, 80% 이상이 1~3급 도시에서 주문이 이뤄지고 있다.

2023년 기준 이커머스 시장 점유율

- 1급 도시: 델리, 뭄바이 44%
- 2급 도시: 푸네, 자이푸르 18.6%
- 3급 도시: 로어키, 하지푸르 37.1%

인도는 자사몰 성장률 24%, 마켓플레이스 성장률 31.2%로 자사몰과 오픈마켓이 동시에 성장하고 있다. 쇼피파이와 같은 오픈마켓과 함께 성장을 시켜보는 것도 좋은 방안이다.

록다운으로 인해 집에 있는 시간 동안 넷플릭스 등 채널을 통해 한국 콘텐츠를 접하면서 K드라마와 K팝의 관심도가 높아졌다. 그로 인해 인도에서도 한국이 독보적으로 브랜딩되어 한국의 문화, 식품에 대한 관심이 급증했다. 하지만 아직 인도에서는 한국 사업자가 바로 인도에서 상품을 판매할 수 있는 시스템이 구축되어 있지 않다.

인도 정부의 수입 규제로 인도법인 및 인도 현지 보증인이 없으면 제품 인증 및 판매 자체가 불가(KOTRA 인도 인증 가이드북에서도 해당 내용 확인 가능)하다. 현지 법인이 없으면 판매를 위한 인증, 통관 등이 어렵기 때문에 크로스보더의 인도 진출은 아직 풀어야 할 숙제가 많은 마켓이다.

한국 기업이 진출하려면 아직까지는 직접 진출하는 방법과 간접 진출하는 방법 두 가지로 나눌 수 있다. 직접 진출을 하려면 인도에 법인을 직접 설립하고 현지 직원을 채용하여 제품별 인증이나 마케팅 등을 직접 진행해야 한다.

또한 간접 진출을 진행하고자 할 경우에는 인도에 법인을 설립한 이커머스 회사와 협력할 수 있다. 2024년 글로벌라이징도 인도법인 설립을 진행하고 인도의 14억 인구와 2,000억 원에 달하는 이커머스 시장 규모에 주목하며 인도 시장 진출 세미나를 큐익스프레스와 개최하였다.

인도 시장 입점 솔루션

인도 시장 진출 진행을 희망하지만 아직 인도에 법인을 설립하고 직원을 채용하기엔 부담을 느끼는 한국 중소기업이라면 글로벌라이징과 큐익스프레스의 문을 두드려준다면 어렵지만 함께 나아갈 든든한 파트너로 함께할 것을 약속한다. 로켓팅을 읽었다고도 꼭 얘기해주면 좋겠다.

06

판매량이 늘고 있는
글로벌 이커머스 환승하기

새로 주목해볼 만한 국가들과 판매할 수 있는 이커머스에 대해 살펴보도록 하겠다.

[쇼피] 대만-브라질-멕시코

대만, 브라질, 멕시코는 쇼피라는 동남아시아 오픈마켓에 입점하면 함께 판매가 가능한 국가들이다. 입점 후 별다른 조치 없이 2024년 현재 마켓 확장만 하면 판매가 가능하다.

그럼 국가별 특징을 알아보도록 하자.

대만

대만은 쇼피 전체 국가 중 매출 규모가 2위이며, 유명 아이돌이나 배우가 홍보하는 제품이 인기를 끌고 있다. 또한 K팝, K드라마, K스타일 패션에 대한 높은 수요가 있으며, 중국어 번체를 주로 사용한다. 구매자들은 현금 결제(CASH ON DELIVERY)를 선호하며, 낮은 현금 결제 취소율을 보인다. 가격보다는 품질 좋은 상품을 선호하며, 여성의 사회적 지위가 높아 한국 화장품의 소비가 꾸준히 이어지고 있다.

대만 시장의 특성은 최신 이슈나 유행에 대한 체험 욕구가 강하고, 입소문에 민감하여 디지털 마케팅의 영향을 많이 받는다. 인기 있는 제품은 환경을 고려한 제품과 헬스케어 제품이다. 식품 역시 인기가 있으나, 현재 쇼피를 통한 식품 수출이 불가능한 상황이다.

브라질

브라질은 중남미 최대 이커머스 시장을 보유하고 있다. 이 시장의 점유율은 42%에 달하는데, 모바일 이용시간은 세계에서 3위를 차지하고 있다. 또한 K팝의 인기가 K뷰티에도 영향을 미치고 있다. 브라질에서 가격 경쟁력은 중요하지만, 점차 고가의 프리미엄 브랜드를 선호하는 추세로 웰빙, 건강, 양질의 삶을 추구하는 경향이 있다.

브라질 시장은 복잡한 세금 체계로 인해 수입품의 가격이 높은 편이다. 때문에 크로스보더 상품은 마진을 확보할 수 있다는 장점이 있다. 남성용 미용 제품과 네일아트도 높은 비중을 차지하고 있다. 또한 코로나19 이후 위생과 스킨케어에 대한 관심이 증가하고 있다.

브라질의 여름은 11월 말부터 3월 중순까지이고 겨울은 6월부터 8월까지인데, 기능성을 첨가한 선케어 제품이 인기를 끌고 있다. 플라스틱 프리 헤어케어 제품과 보습, 주름 개선 효과 등이 있는 기능성 제품이 선호되고 있다.

멕시코

멕시코에서는 코로나19 이후 온라인으로 구매하는 빈도가 증가하고 있다. 또한 구매 시 온라인 상위 리뷰에 대한 신뢰도가 높다. K팝이 큰 인기를 끌고 있고, 특히 인기 있는 한국 제품은 뷰티 제품이다. 구매 요인으로는 가격 대비 효능과 윤리성을 고려하는데, 특히 1020세대를 중심으로 동물 실험에 대한 강한 반대가 있다.

멕시코 시장의 특성은 '구독경제'와 '선구매-후결제(Buy Now Pay Later)', 그리고 '미스터리 박스'가 주목받고 있다. 특히 미스터리 박스는 고객의 흥미를 자극하고 파격적인 특가로 제품을 구매할 수 있게 함으로써 소비자의 관심을 끌고 있다. 통관 문제가 까다로워 글로벌 셀러의 판매가 쉽지는 않다.

[줌] 라트비아에서 시작된 유럽 온라인 쇼핑몰

줌(JOOM)은 라트비아에서 시작되었으며 총 3개의 유럽 마켓플레이스로 구성되어 있다. 안드로이드, ios 쇼핑 앱에서 5위를 차지한 바 있으며 다운로드 수 3억 명 이상, 월간 활성자 수 2,500만 명을 보유하고 있다.

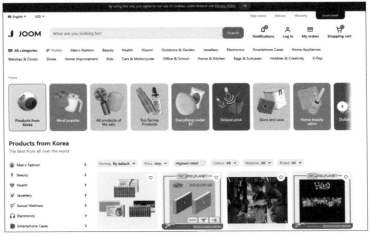

→ 출처: joom.com

2019년 유럽과 러시아에서 한류가 확산됨에 따라 한국 셀러들의 입점이 시작되었다. K뷰티 40%, K팝 35%, 패션과 전자제품이 10%, 기타 5% 정도의 점유율을 가지고 있다.

배송은 줌 로지스틱스(JOOM Logistics)라는 자회사를 가지고 있어 이를 통해 배송도 가능하며, 한국의 쉽터(Shipter), 큐익스프레스

로케팅

등 원하는 배송사로 배송 이용이 가능하다. 전 세계로 배송할 수 있도록 시스템을 갖추고 있으며, 필요에 따라 배송 국가를 허용하거나 거부할 수 있다.

→ 출처: Joom.com

수수료는 15% 정도이고 정산은 쇼피, 아마존, 라자다, 이베이 등과 동일하게 페이오니아(payoneer)라는 시스템을 통해 결제를 받을 수 있다. 매월 1일과 17일 20달러가 넘으면 페이오니아 계정으로 입금이 되며 한국 셀러들은 2주 정도 더 소요되고 있다.

07

키워드 소싱
(큐텐, 쇼피, 라자다)

해외에서 인기 있는 상품을 소싱하려면 숫자를 통해 고객의 수요를 분석하는 것이 좋다. 저 먼바다 건너의 낯선 지역에서 어떤 일들이 일어나고 있는지, 그곳에 사는 사람들은 어떤 생각을 하고 있는지 알 수 없기 때문이다. 따라서 마켓 플랫폼들은 글로벌 셀러들이 활용할 수 있는 키워드 데이터를 제공하고 있는데, 키워드 검색량을 통해 카테고리 상품을 식별하는 것은 매우 중요하다.

큐텐의 인기 상품 찾아보기

큐텐의 경우 QSM에서 '프로모션 메뉴 ⇨ 플러스 전시 ⇨ 인기 키워드 보기'를 통해 전체적인 키워드의 인기를 확인할 수 있다. 이후 인기 키워드 보기 3번의 그룹별 보기를 선택하지 않고 전체를 바라보면 주요 키워드 입찰 현황을 확인할 수 있는데, 1위부터 100위까지 폭넓게 볼 수 있다. 이 중 우리가 주목해야 할 부분은 '급상승 키워드'이다. 급상승은 말 그대로 이슈가 시작된 키워드가 있을 확률이 높으며, 이런 키워드의 초기일수록 경쟁이 적고 마진이 높은 비즈니스가 될 가능성이 크다.

큐텐 QSM 키워드 검색

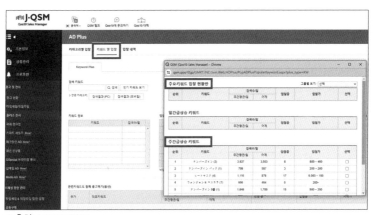

➜ 출처: qsm.qoo10.jp

제일 하단 주간 급상승과 일간 급상승 키워드를 본 후 판매할 만한 상품이 있는지 확인해보자. 그런데 어떤 상품인지 구분이 어렵다면, 큐텐에서 해당 키워드를 검색해서 어떤 제품들이 팔리고 있는지 확인해보면 좋다.

QSM, 일간 급상승 키워드 사례

QSM (Qoo10 Sales Manager) - Chrome — □ ×

qsm.qoo10.jp/GMKT.INC.Gsm.Web/ADPlus/PopADPlusPopularKeyword.aspx?plus_type=KW

일간급상승 키워드

순위	키워드	검색수/일		입찰중	입찰가	선택
		주간평균/일	어제			
1	ENHYPEN (4)	516	446	6	200 ~ 100	☐
2	美白サプリ (3)	352	402	9	2,600 ~ 100	☐
3	ドクターウー (1)	145	365	0	100~	☐
4	CICA (3)	483	520	11	800 ~ 100	☐
5	amuse リップ (4)	297	346	1	100	☐
6	ピヨット (1)	398	339	5	100 ~ 100	☐
7	魔女工場 クレンジング (1)	254	268	1	100	☐
8	オパールエッセンス (2)	289	289	2	100 ~ 100	☐

→ 출처: qsm.qoo10.jp

예를 들어 ENHYPEN이라는 앨범이 주간 급상승 검색어 1위를 차지하고 있다. 이 경우 큐텐의 사이트에서 검색해보면 관련 단어 앨범, 펜라이트, dark moon 등의 내용을 검색하는 것을 확인할 수 있다. 또한 리뷰 수로 판매량을 유추해볼 수 있다.

큐텐 사이트 급상승 키워드 관련 내용 검색

로그인 | My Qoo10 | 쇼핑 장바구니 | ✉ Qpost | 도움말 | Qoo10에 출점

Qoo10
an eBay company

| ENHYPEN | 검색 |

☰ 카테고리   타임 세일   오늘의 특가   공동구매   랭킹   Q 라운지   이베이 다이렉트 숍   MOVE

검색 결과: (ENHYPEN)   🛒 상품: 4,504

관련 단어 (#앨범 #펜라이트 #상품 #dark moon #memorabilia #kpop #dicon #혜택 #트레카 #공식)

모든 카테고리(26)   ENHYPEN   고급 검색

| KPOP (2,751) | 문구 (447) | 여성복 (396) | 손목시계 · 액세서리 (171) | 취미 크스프쳐 (153) | CD (139) |
| 가방·잡화 (91) | 스킨케어 (72) | 스마트폰 케이스 · 보호 필름 (60) | 가구·인테리어 (50) | 남성 패션 (47) | 장난감·지즈 (34) |

→ 출처: qoo10.jp

리뷰 수로 판매량 유추

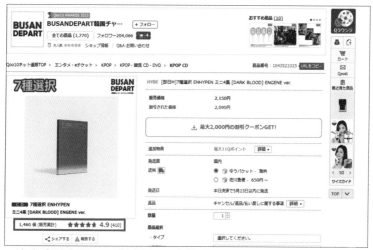

→ 이 제품은 판매 개수 1,460개/리뷰 수 410개임을 확인할 수 있다.
→ 출처: qoo10.jp

　가끔 아이돌 급상승 검색어를 보다 보면 1,000개가 넘는 제품을 판매했지만, 아직 리뷰가 하나도 달리지 않은 제품들도 볼 수 있다. 아이돌 제품의 특성상 팬심으로 리뷰를 써주기 때문에 리뷰가 없다는 것은 아직 제품이 도착하지 않았다는 것을 말한다. 이제 막 인기가 상승하기 시작한 아이돌의 신규 아이템임을 의미하며, 이런 경우에 경쟁력을 강화하기 위해 팬심을 자극하는 사은품 등을 패키지하여 판매한다면 얼마든지 높은 마진으로 판매할 수 있다.

쇼피에서 인기 상품 찾아보기

앞서 큐텐의 마켓 인사이트를 키워드 중심으로 서치하는 방법을 살펴봤는데, 이를 쇼피에 적용하는 것도 좋은 방법이다. 두 플랫폼의 이용자는 지역적으로 동남아시아의 고객들로서 공통의 특성을 갖기도 하니까 말이다. 쇼피는 여기에 매달 마켓 인사이트(Market insight)라고 하는 뉴스레터를 보내주는데, 국가별로 판매가 활발한 제품을 살펴볼 수 있다.

물론 쇼피도 검색량을 확인할 수 있는 툴은 있다. Shopee Ads라고 하는 광고 시스템은 쇼피 플랫폼 내에 광고를 진행할 수 있도록 하는데, 쇼피의 판매자들은 이 시스템을 통해 제품과 숍의 노출 빈도를 효과적으로 늘릴 수 있다.

쇼피의 셀러센터(Seller Center)에 들어가면, Shopee Ads라는 메뉴를 찾을 수 있다. 앱의 경우 숍 프로필 항목에서도 Shopee Ads 항목을 찾을 수 있다. 그리고 Search Ads(검색광고)를 눌러 키워드를 살펴본다.

Search Add에서 키워드 확인

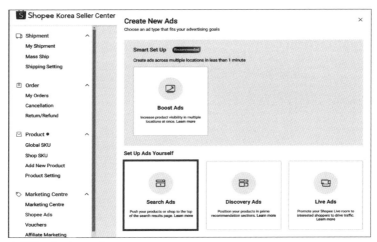

→ 출처: seller.shoppee.kr

Add Keywords로 원하는 키워드 검색

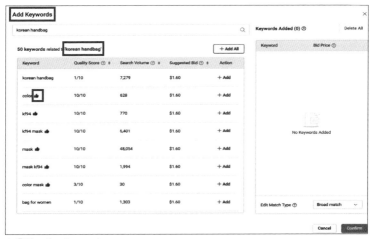

→ 출처: seller.shoppee.kr

Add Keywords를 클릭해서 원하는 키워드를 검색해볼 수 있다. 엄지 모양은 인기 키워드이다.

korean handbag의 경우 지난 30일간 7,279회 검색된 것을 확인할 수 있다. 판매하고자 한다면 쇼피 국가별 사이트에서 상품 수와 판매되는 상품의 스타일도 쇼피 사이트에서 직접 확인해보자.

BUSINESS INSIGHT 활용하기

쇼피 셀러센터에서 Business insight ➪ Product Rangking을 통해 다음과 같은 내용들을 확인할 수 있다.

Product Rangking을 통해 인기 상품 확인하기

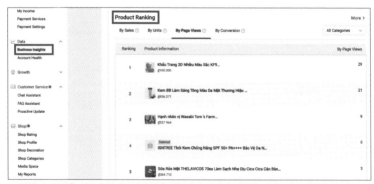

➔ 검색 수가 많은 상품 | 장바구니에 담은 상품 | 소비자가 관심을 가지고 'Like'를 누른 상품
➔ 출처: seller.shoppee.kr

라자다에서 인기 상품 찾아보기

라자다는 리스팅하면 좋을 것 같은 제품들을 홈페이지에서 추천한다. 바로 Business Opportunities Center 메뉴인데, 라자다 한국 셀러센터로 입장하면 확인할 수 있다.

→ 출처: gsp.lazada.com

그리고 판매한 지 3개월이 지나면 'Marketing Center ⇨ Sponsored Solutions'라는 메뉴를 이용할 수 있다.

라자다는 모든 기본 세팅이 말레이시아로 되어 있기 때문에 말레이시아 셀러센터로 연결되며, 오른쪽 하단에서 국가별 아이콘을 클릭해 국가별 셀러센터로 이동하여 키워드를 확인할 수 있다.

'Business Opportunities Center'에서 현재 잘 판매되는 제품들을 확인할 수 있다.

Business Opportunities Center에서 현재 잘 판매되는 제품 확인

→ 출처: Lazada.com

현재 판매가 잘되고 있는 이와 같은 상품군을 판매한다면 판매 확률을 높일 수 있다.

2023년 이전에는 'Sponsored Solution'이라는 메뉴를 이용해 키워드 검색량을 확인할 수 있었으나 현재는 이 기능은 종료되었다.

라자다 판매 사이트에 접속하여 키워드를 입력하면 관련된 키워드들을 확인할 수 있다. 예를 들어 'shampoo'를 검색했을 때 연관 키워드 중 남성 및 여성을 타깃으로 검색한다는 것을 알 수 있으며, 'Shampoo hair loss' 같은 키워드를 통해 탈모 샴푸 등을 검색한다는 것을 알 수 있다.

라자다에서 고객들이 샴푸를 찾을 때 어떤 키워드로 검색하는지,

로케팅

라자다 키워드 검색

→ 출처: Lazada.com

어떤 제품을 찾는지 등을 확인하여 소싱하고 상품명을 작성한다면 판매 확률을 높일 수 있다.

키워드는 그 나라의 수요이다. 또한 라자다에서는 'Bussincess Advisor ⇨ Traffic' 메뉴를 통해서 실시간으로 어떤 채널에서 무슨 키워드로 유입되었는지도 확인이 가능하다.

이렇게 마켓에서 바로 확인할 수 있는 키워드의 검색량을 통해 국가별 수요와 트렌드를 자주 확인하여 경쟁력 있는 상품을 소싱하는 능력을 키우자!

PART **3**

엔진 점화

크로스보더 커머스를 위한 브랜딩과 마케팅

글로벌 이커머스는 거대한 쇼핑몰과 같으며 매년 그 규모가 점점 커지고 있다. 크로스보더 이커머스는 15.3%의 가파른 성장세를 보이며 동남아시아, 북미를 이어 신시장 개척을 활발히 하고 있다. 중국 테무는 중국 상품을 D2C(Direct to Customer) 모델로 공급하면서 기존 소매업체가 긴장하고 있다.

쇼츠 플랫폼이었던 틱톡은 쇼핑을 접목시키며 틱톡샵을 론칭하여 동남아시아 1위 이커머스 쇼피에서도 차후 경쟁 상대로 손꼽았다. SNS 상거래를 금지한 인도네시아에서도 2023년 12월 틱톡샵만은 판매를 허용했다.

지금까지 한국 셀러가 입점할 수 있는 글로벌 이커머스 마켓에 대해 알아보았다면 이제는 크로스보더 커머스를 운영하는 마케터

로케팅

가 알고 있는, 전략적 사고의 범위를 폭발적으로 넓힐 수 있는 브랜딩과 마케팅에 대해서 알아보자!

슈퍼개인의 시대를 준비하라

마케팅팀의 해체 그리고 슈퍼개인의 시대

나는 대학에서 광고를 전공하고 학교를 졸업할 즈음 신문사와 광고대행사 인턴을 거쳐 모 해외 패션 브랜드의 홍보기획팀에 입사했다. 국내 거의 대부분의 마트, 백화점, 아울렛에 입점해 있는 브랜드인데 정작 광고와 마케팅을 담당하는 팀은 나와 내 사수 두 명이었다.

우리는 3개의 대행사에 아웃소싱을 통해 광고, 홍보, 디지털(커머스) 영역에 대한 업무를 진행했는데, 이 당시 나는 실무를 한다기보다는 본사와 로컬 에이전시와의 커뮤니케이션을 조율하는 역할이 주된 업무였다.

직접적인 업무를 다루고 성과를 내는 일에 욕심이 났던 나는 디지털, 퍼포먼스 마케팅 업무를 다룰 수 있는 팀으로 이직했다. 금융 서비스 분야였고 마케팅팀만 10명 정도 되는 조직에 디지털 신사업 업무를 맡아 플랫폼을 기획하고 온라인 광고를 집행하는 실무를 수행했다.

신사업 분야이다 보니 업무를 주기적으로 맡길 대행사는 없었고, 모든 것을 팀 내에서 해결해야 하다 보니 이때 마케터들의 업무를 서포트해주는 다양한 서비스들을 찾아서 살펴보게 되었다. 나는 테스트를 위해 최소한의 예산으로 집행해야 했기에 소위 SaaS라 부르는 구독형 서비스 전반에 관심이 많았다.

경이로울 정도로 진입장벽이 낮아진 마케팅 업무에 대해 처음에는 두려웠다. 분명 내가 회사 단위로는 아니더라도 팀 단위로 하던 업무들, 이를테면 디자인과 문구를 작성하는 콘텐츠 제작 그리고 여러 광고 매체에 광고를 집행하고 관리하는 미디어믹스, 또한 웹페이지를 퍼블리싱하고 유지보수하는 모든 것을 어느덧 나 혼자 할 수 있을 것 같다는 생각이 들었다.

내가 잘나서? 아니다. 세상의 트렌드가 그렇다는 거다. SaaS를 제공하는 업체들은 과거 마케팅팀과 IT팀이 협업하던 분야의 일을 개인의 업무로 바꿔 나가고 있다. 마케터들의 업무는 굉장히 빠른 속도로 자동화되고 있다는 것이다.

하지만 점차 시간이 흐르면서 설레는 마음이 생기기도 했다. 어쩌면 내가 마음 먹고 도전한다면 나의 사업을 하기에는 이보다 좋은 시대는 없다는 생각이었다.

그즈음 나는 이러한 '슈퍼개인(Super Individual)'에 완전히 빠져들었고, 이 흐름의 중심에 있던 '이커머스(e-commerce)'를 배우고 싶다는 강렬한 열망을 느꼈다. 그리고 쇼핑몰을 운영하는 회사로 이직을 결심했다.

한 달 만의 퇴사, '물류'라는 키워드를 얻다

내가 이직한 회사는 오직 온라인 쇼핑몰만으로 수백억 원의 매출을 내는 회사였다. 이커머스 분야에 대한 경력은 없었지만, 나는 꽤 좋은 리뷰를 받으며 인터뷰를 통과했고 입사까지는 순조롭게 진행됐다.

하지만 여러 이유로 회사를 오래 다니지는 않았다. 안 맞는 부분이 있다면 빠르게 털고 일어나는 것도 시간을 아끼는 방법이라 생각했기 때문이다. 퇴사를 하고 한 달 정도 재취업할 곳을 알아보며 쉬고 있었는데, 내가 너무 섣부르게 이직을 결심했다는 후회를 하기도 했다. 또 한편으로는 짧은 시간이었지만 무엇을 얻었는지 매일 곱씹었다.

내가 다녔던 회사들과 업무들을 조용히 정리하며 이런 생각이 들었다. 내 첫 직장은 전국에 매장이 60여 곳이 넘었다. 그리고 한 달 남짓 다녔던 쇼핑몰은 하나의 쇼핑몰로 오프라인 매장을 수십

개 갖춘 회사보다 더 압도적인 매출액을 냈다. 어떤 차이가 있는 것일까? 심지어 오픈마켓도 아니다.

쇼핑몰을 운영하는 것 자체에는 놀랄 것은 없었다. 딱 하나 내가 압도된 게 있다면 그 회사의 몇만 평에 달하는 물류센터였다. 그곳이 내가 살면서 봤던 첫 물류센터였다.

여러 국가에서 제품을 수입해오고, 물류센터에서 제품들이 입고-관리되고 다시 직접 배송된다. 브랜드 로고가 붙은 커다란 트럭이 드나드는 그곳 말이다. 어쩌면 브랜드 쇼핑몰을 운영하는 회사들은 많아도 그런 압도적인 물류센터를 갖춘 쇼핑몰을 찾기는 쉽지 않을 것이다.

이것이 내가 물류회사로의 이직을 결심했던 이유다. 그리고 이커머스 분야에서 해외 직구-역직구로 대표적인 큐텐-큐익스프레스를 알게 되었다.

02

크로스보더 커머스,
이제는 시작하라

규제, 결제, 배송 모두 간단하다

2024년 전 세계 이커머스 규모는 약 6조 9,000억 달러로 추산된다. 또한 성장 속도는 9.8%로 폭발적이다. 전 세계의 고객은 80억 인구 중 27억 수준으로 33%가 이용 중이며, 모바일 쇼핑 혁명으로 이 같은 흐름은 더욱 가속화할 것이다.

제품을 제조하고 있는 기업이라면 일본과 동남아시아 이커머스 플랫폼은 모두 진출을 검토해볼 만하다. 입점비용이 따로 들어가는 것도 아니고, 브랜드를 등록하는 것도 비용이 들지 않는다.

온라인이 아닌 오프라인이라면 드러그스토어 등에 입점하고 싶어도 수출계약을 하기가 쉽지 않고, 그 나라에 맞는 인증 절차를 모두 거쳐야 한다. 그러나 온라인은 보다 쉽고 간편하게 시장을 테스

이커머스 시장 규모

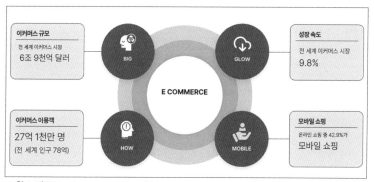

이커머스 규모	성장 속도
전 세계 이커머스 시장 **6조 9천억 달러**	전 세계 이커머스 시장 **9.8%**
이커머스 이용객 **27억 1천만 명** (전 세계 인구 78억)	모바일 쇼핑 온라인 쇼핑 중 42.9%가 **모바일 쇼핑**

➔ 참고 자료: businessresearchinsights.com

트할 수 있다. 큐텐, 쇼피, 라자다와 같은 이커머스 플랫폼은 고객이 현지에서 직구하는 방식으로 통관된다. 정식 수출이 아니어서 그 나라에 맞는 인증을 받을 필요가 없기 때문이다.

규제, 결제, 배송에 대해 오픈마켓들과 글로벌 물류 플랫폼들의 서비스가 있는 환경이기 때문에 크로스보더 커머스 시장은 매년 빠르게 성장하고 있다. 스킨케어 브랜드로 전 세계 소비자들에게 사랑받고 있는 코스알엑스(COSRX)는 한국에서보다 해외에서 인지도가 더욱 높은 브랜드이다.

2017년 K뷰티의 성황을 맞이해 동남아시아 시장에 온라인으로 진출하였다. 2019년에는 필리핀, 인도네시아, 싱가포르, 말레이시아, 베트남 등 동남아시아 지역의 도시를 중심으로 위세를 더하고 있으며 최근에는 북미, 유럽에도 진출하였다. 온라인에서의 성공은 오프라인 매장 진출을 더욱 쉽게 할 수 있는 환경을 만들어준다. 물량과 인지도가 보장된 상태에서 정식 수출과 인증 작업을 진행할 수 있기 때문이다.

소셜 프루프(Social Proof)가 강력한 마케팅

마케팅 또한 소셜 프루프를 이해하고 활용할 수 있다. 소셜 프루프란, '리뷰-언박싱-SNS 게재' 등 사용자가 생성한 콘텐츠들이 구매 행동에 영향을 미치는 것을 말한다. K팝 전문 숍으로 활동하고 있는 케이팝머치(K-POP MERCH)는 2년 만에 1인 셀러에서 직원 40여 명 규모의 기업으로 성장하여 글로벌 시장에서 활발한 퍼포먼스를 보여주고 있다.

이 기업의 마케팅은 유튜브에서 K팝 제품들의 언박싱 영상을 공개하는 것인데, K팝 제품들이 대부분 밀봉되어 내용물을 확인하지 못하는 경우가 많아서 소비자들의 궁금증을 제대로 풀어주었다. 특히 K팝 굿즈들은 정품인 것이 중요하다 보니, 조금 비싸더라도 믿을 만한 구매자에게 가격을 더 주는 성향을 보이는데, 이 점을 기업형 셀러라는 점에서 잘 짚어내었다.

또한, 아티스트의 성적표와도 같은 앨범 판매량에도 반영되는지는 팬들의 구매에 굉장한 영향을 미치는데, 케이팝머치를 통해 구매하게 되었을 때는 앨범 판매량에 반영되도록 하여 더욱 K팝 팬들에게 각광받게 되었다. 케이팝머치는 이처럼 소셜 프루프와 오픈마켓 내에서의 CS 활동에 신경을 많이 써 고객의 신뢰를 얻어냈다.

지금 글로벌 오픈마켓을 들여다보기 시작하라

글로벌커머스의 놀라운 시장성에 대해 확인했다면 지금부터는 우리가 진출하고자 하는 국가와 마켓에 어떤 제품들이 잘 팔리는 지, 왜 우리의 제품은 안 팔리는지, 또 어떻게 해야 잘 팔릴 수 있을 지 계속해서 분석해야 한다. 그리고 늘 검색을 통해 최신의 정보를 얻고 이슈가 되는 일들에 커머스적인 사고를 더해 분석할 수 있어야 한다.

셀러들의 경우 꾸준히 상품을 소싱해서 등록하며 반응을 살피고, 매출이 늘어나는 상품에 대해서는 제조사에 연락해 계속해서 판매할 수 있도록 관리하는 것이 중요하다. 제조사들은 이러한 글로벌 시장에서 제품이 살아남을 수 있도록 트렌디하게 만들어 다양한 셀러들에게 주목받을 수 있게 해야 한다. 첫 6개월에서 1년은 사실 투자하는 시간이 될지도 모른다. 하지만 글로벌 커머스는 우리에게 새로운 가능성과 더 큰 시장을 안겨줄 수 있다는 점은 확실하다.

우리가 글로벌 커머스의 잠재 가능성을 느꼈다면, 매일 일어나는 매출보다는 매일 쌓이는 데이터에 집중해야 긴 호흡으로 전 세계를 무대로 하는 글로벌 셀러가 될 수 있다.

데이터 커머스적
관점을 가져라

'데이터'는 언젠가부터 우리에게 가장 중요하고도 익숙한 단어가 됐다. 이제는 많은 기업이 시장을 찾고 접근할 때 '판매 데이터'를 중심으로 판단하고 움직인다. 특히 글로벌 마켓은 물리적으로도 심리적으로도 굉장한 거리감이 있는 마켓이기 때문에 잘 보이지 않는 길을 가야 할 때 내비게이션에 의존하듯 데이터가 가지는 의미가 중요하다. 즉 '데이터 드리븐(Data Driven)'에 대한 역량을 갖춰야 한다는 것이다.

내가 해외 패션 브랜드의 홍보팀에 있을 때 MD 직렬 담당자들의 주된 역량은 '오더의 정확도'였다. 어떤 제품이 우리의 고객들에게 반응이 좋을 것인지 생각한 후, 그 제품에 대한 초도 주문을 최대한 많이 한다. 그 정확도가 높은 MD가 곧 회사의 매출과 이익을

로케팅

높이는 업무 성과를 내는 것이다. 봄-여름-가을-겨울이라는 시즌과 레드, 블루, 블랙과 같은 컬러, 그리고 제품의 형태적인 라인업까지 모든 게 고려되었고 백화점, 마트, 아울렛, 온라인몰 등 어떤 유통채널에 얼마간의 수량을 뿌려야 하는지도 검토되어야 했다.

요컨대 데이터를 통한 '구매 패턴'을 살펴보는 작업이었다.

재미있는 건, 잘 정리된 데이터와 구매 패턴은 새로 입사한 MD 신입들도 손쉽게 해당 업무에 대해 오더의 정확도를 높일 수 있었다는 것이다. 그만큼 커머스 업계에서 데이터를 관제하고 살펴본다는 것은 굉장한 의미를 지닌다.

오픈마켓은 랭킹 전쟁이고 랭킹이야말로 '데이터가 진입시킨다.'

우리의 해외 진출을 도와줄 오픈마켓들은 하나의 카테고리 하나의 키워드에 수만개의 제품이 쏟아지듯 등록된다. 오픈마켓에 물건을 올린다는 것은 사막에 모래알을 던지는 것이고 망망대해의 태평양 바다에 물방울을 떨어뜨리는 것과 같다.

물론, 이미 유명해진 제품의 정확한 네임을 검색해서 들어오는 고객도 있겠지만, 결국 팔리는 제품은 '첫 페이지'를 장식하는 '랭커'들이다. 온갖 판매자와 구매자가 섞여 있는 복잡한 시장 같은 오픈마켓은 지난 십수 년간 오픈마켓들은 나름의 교통질서를 수립했는데, 그것이 바로 '랭킹'이다.

랭킹 시스템은 오픈마켓을 이용하는 고객의 '구매 패턴'에서 기인한다. '어떻게 검색하는가? 어떤 제품에 신뢰감을 느끼는가? 어떤 제품이 가장 저렴한가?' 등 고객의 반복되는 핵심적인 니즈에 기인해 랭킹 시스템을 만들었다.

랭킹 시스템과 데이터

두 가지 키워드를 가지고 전략을 세우고 운영하는 게 '데이터 커머스'다. 해외 시장을 개척한다는 것은 더 많은 오픈마켓에 우리의 제품이 게시되어 있을 것이고, 게시된 제품들은 실시간으로 랭킹에 오르내리며 변동을 반복한다. 효율적으로 공격하고 있는지 또는 수비하고 있는지 체크하는 방법은 오직 데이터뿐이다.

하지만 겁먹을 필요는 없다. 앞서 강조했듯 이러한 '데이터 커머스'를 도와주는 서비스가 있다. '오픈셀러', '셀러박스', '판다랭크' 등 다양한 마켓플레이스 분석 플랫폼을 통해 전략의 엣지를 세워보자. 추천하고 싶은 이런 서비스를 종합한 회사가 '스토어링크'이다.

데이터에 대한 오버뷰를 제공하는 것뿐만 아니라, 데이터를 중심으로 파생되는 실질적인 마케팅 서비스를 제공하고 있다. 커머스를 전문으로 하며 최근 매서운 속도로 성장 중인 회사다.

아마 이 책이 출시되는 시점에는 국내뿐 아니라, 해외 오픈마켓들에 대한 데이터 연동도 완료되어 있을 것이다. 이러한 회사의 시스템을 통해 데이터를 확보하고 운영의 묘를 살리는 것에 익숙해진다면, 파트너사의 서비스 확장과 함께 나의 역량도 자연스럽게 확장될 수 있다.

해외 판매를 준비한다면 데이터 커머스에 대해 검색하고, 알아보고, 대화해야 한다. 그리고 가장 최신의, 최적의 서비스를 찾아 파트너 서비스로 활용한다면 더 많은 마켓을 더 효율적으로 관리할 수 있다.

무한 트래픽 '최적화(SEO, EEO, REO)'가 핵심이다 feat. 스토어링크

이커머스가 가진 양날의 검은 무한의 고객 트래픽과 동시에 무한의 경쟁사 트래픽이라고도 볼 수 있다. 특히 생성형 AI 기술이 도입되고, 여러 SaaS(Software as a Service) 서비스가 나오면서 유입되는 콘텐츠의 속도, 양, 질 모두 폭발적으로 증가하였다. 생산라인에서도 제품의 설계와 개발을 담당하고 고객사의 브랜드로 생산하여 제공하는 ODM(Original Design Manufacturer)사들이 큰 도약을 하며 새로운 인디 브랜드의 탄생이 이어지고 있다.

이렇듯 이커머스 업계는 '무한 트래픽'에 대해 효과적으로 대응하는 것에서부터 '생존'한다고 해도 과언이 아니다. 그렇다면 우리는 이러한 정보 범람에서 어떻게 우리의 제품을 효과적으로 고객의 접점에 가져다 놓을 수 있을까? 앞서 소개했던 데이터 커머스 에이전시 스토어링크의 전략을 살펴보면 정보 범람의 시대에서 살아남기 위해 '최적화'를 강조한다. 요컨대 자신의 정보를 효과적으로 노출하는 것이 중요하며, 이를 통해 제품과 서비스를 경쟁사 대비 성공적으로 알리고 판매하는 것이다.

이커머스 최적화는 SEO(검색엔진최적화 Search Engine Optimization)을 발전시킨 EEO(E-commerce Engine Optimization)과 REO(Recommendation Engine Optimization)로 이어지는데 EEO는 특히 이커머스 플랫폼에서 제품이나 서비스를 최적화하여 '추천 알고리즘'에서 '상위 노출'되도록 하는 전략을 통칭한다. SEO와 유사하지만, 주로 쇼핑몰과 같은 오픈마켓에서의 검색 결과 최적화 및 프로모션 기획이 핵심이다. 가령 상품 제목 및 상세페이지에 중요한 키워드를 포함하거나, 특성과 혜택을 명확하게 기술하여 검색엔진에 잘 걸릴 수 있도록 하거나, 카테고리 및 태그에 분류의 정확도를 높이거나, 구매 후 고객의 리뷰나 평점 관리를 디테일하게 진행하는 방식들이 있다.

또한 쇼핑몰 내에서 진행하는 기획전이나 프로모션을 통해 노출을 확대하는 것도 EEO 전략의 일부이며, 광고부터 판매까지 이어지는 고객의 행동 데이터를 분석해 최적화 전략을 지속적으로 개선하는 것을 포함한다. 결국 EEO는 어떤 키워드에서 어떤 프로모션을 이용했을 때 우리의 제품이 오픈마켓의 상위 노출이 가능한지 지속적으로 체크하는 과정이라고 볼 수 있다.

REO는 오픈마켓에서 중요한 부분인 '인플루언서들의 추천'을 보다 정교하게 최적화하는 것을 의미한다. 특정 인플루언서가 확보하고 있는 구독자의 특성을 파악하고 제품을 매칭시키는 것부터 인플루언서가 가지고 있는 캐릭터를 최대한 살려서 가장 중요한 추천의 메시지와 전략을 구성하는 것을 의미한다. 이 작업들은 최근 들어 마케팅 전략에서 더욱 핵심적으로 브랜드 인지도를 올리고 판매량을 급증시킬 수 있는 주요한 전략으로 인식되고 있다.

결국 '노출', '유입', '설득', '판매'라는 이커머스의 소비가 여정에서 얼마나 우리의 노출과 유입을 늘릴지, 설득의 효과를 높일지, 궁극적으로 판매량을 늘릴 수 있는지 등을 고민하는 모든 과정이 '최적화'라고 볼 수 있는 것이다.

이 과정에서 가장 중요한 것은 실시간으로 바뀌는 '데이터'를 읽고 판단하고 또 수정하는 '데이터 커머스'라고 볼 수 있다. 과학적인 진입 전략과 마케팅 방법론을 적용하여 검색어 관리, 기획전 운영, 광고 집행, 리뷰 관리 등의 핵심 지표를 관리해 꾸준하고도 효과적인 진입과 운영을 할 수 있어야 한다.

'브랜드 3.0'이
되어야 한다

우리가 해외에 있는 고객이라고 생각해보자. 저 먼 나라의 이름 모를 숍에서 물건을 구매하거나 제품을 사서 써야 하는데, 무엇을 믿고 살 수 있을까? 우리는 이 해답을 위해 한류 연예인이나 인플루언서를 쓸 여력은 없다. 그렇다면 '브랜드 3.0'이라는 개념에 잠시 귀를 기울여보자.

브랜드 1.0은 제품 중심의 소구를 말한다

아마도 식품이라면 '이 제품을 먹어도 죽지 않겠지?'라는 믿음을 줄 수 있는지의 여부일 수도 있겠다. 좋은 제품이라는 것을 인증받기 위한 여러 가지 인증을 획득하는 것도 방법이다. 이를 통해 소비자에게 '제품의 안전, 기능, 우수성'을 강조한다.

브랜드 2.0은 디자인 중심의 커뮤니케이션이다

대부분의 제품이 안전-기능 면에서 비슷한 조건을 갖췄다면 '심미성'에서 차이를 둘 수 있다. 브랜드의 콘셉트나 메시지를 표현하는 디자인은 소비자로 하여금 매력적으로 다가오게 된다. 실제로 비슷한 기능의 제품들이 다양한 이름과 디자인으로 여러 브랜드를 통해 나열되고 있다. 그래서 우리가 '사과주스'라는 카테고리에도 다양한 브랜드 네임과 패키지를 만날 수 있는 것이다.

일단 여기까지만 본다면 브랜드 1.0과 2.0을 생성할 수 있는 속도는 매우 빨라졌다. OEM과 ODM 방식으로 제품을 손쉽게 제작할 수 있기도 하고, 디자인의 아웃소싱도 굉장히 빠르고 세분화되어 있다.

실제로 동료들과 블루베리, 아사이베리, 귀리와 같은 '슈퍼푸드'를 재료로 한 브랜드 상품을 기획한 적이 있다. 제품의 이름을 정한 상태에서 '라우드소싱'이라는 서비스를 통해 디자인과 패키지 구성까지 평균 7일 이내에 굉장히 고퀄리티의 시안을 받아볼 수 있었다. 콘테스트를 개최할 수도 있으며, 반대로 여러 디자이너의 레퍼런스를 보며 직접 의뢰를 진행할 수도 있다. 또한 핵심 제품 라인업인 퓨레를 중심으로 패밀리 상품들을 기획할 때는 OEM 공장들과 원료에 대한 협의를 마치면 음료, 젤리, 아이스크림 등 제조 세팅부터 발주까지 속전속결로 진행할 수 있었다.

그야말로 제조와 판매가 완벽히 분리된 제판 분리이며, 건강기능식품과 화장품 업계에서는 이미 많은 기업이 이와 같은 방식으로 신규 브랜드를 론칭하고 있다.

브랜드 3.0 사람을 중심으로 한 진정성에 대한 소구

손쉽게 제품과 콘셉트는 따라 할 수 있는 시대가 됐다면, 더 따라오기 힘든 격차가 필요할 것이다. 그리고 요즘음 소비자들은 우열을 가리기 힘든 제품의 질과 디자인 사이에서 '진정성'에 주목한다. '파파레서피', '푸디버디', '수면밀도', '코니바이애린' 같은 브랜드를 검색해보자.

아토피를 앓았던 딸을 위해 아빠가 만들었다는 스토리를 가진 화장품 브랜드, 허리디스크를 앓던 환우가 만든 매트리스, 평생을 일궈온 아버지의 농장을 이어받아 더 진정성 있게 다가가는 식품 브랜드 등 우리는 사람의 인생을 쉽게 따라 할 수 없기 때문에 그러한 이야기에 주목한다.

모든 제품과 브랜드가 이와 같은 3.0 스토리를 가질 수는 없겠지만 적어도 이에 준하는 '진정성'을 보여줄 수 있는 제품 마케팅을 할 수 있다면 천편일률적으로 보이는 마켓 플레이스에서 단연 조금이라도 더 돋보일 수 있게 될 것이다. 상상해보자. 우리의 제품을 구매한 고객이 다른 친구에게 우리의 제품을 소개할 때 기능을 세세하게 설명할까 아니면, 이 제품의 이면에 담긴 스토리를 읊을까?

05

글로벌 시장에서
브랜드를 지키는
AI 솔루션 '마크비전'

글로벌 시장에는 무수한 기회만큼이나 위험이 공존한다. 혁신적인 제품과 브랜드가 탄생했을 때 그것을 제대로 보호하지 못한다면 어쩌면 글로벌 사냥꾼들에게 손쉽게 그간의 노력을 빼앗길 수도 있다. 국가별로 지식재산권(IP)의 보호를 위해 통관에 대한 법을 지정하고 있지만 그것을 통합적으로 관리하기란 쉬운 일이 아니다.

그리고 2020년, 이 문제를 해결하기 위해 탄생한 서비스가 있다. 인공지능(AI) 기술을 활용해 위조 상품 및 지식재산권 침해 제품을 탐지하고 제거하는 특화 솔루션을 제공하는 마크비전(MarqVision)이다. 마크비전은 IP 보호뿐 아니라 IP의 생성, 관리, 라이선싱까지 통합적으로 지원하는 SaaS(Software as a Service) 플랫폼을 제공한다.

마크비전은 오픈마켓 플랫폼들 내에서 위조 상품을 탐지하고 제

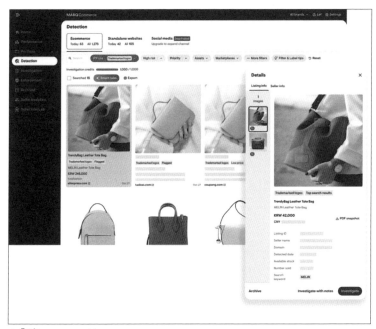

→ 출처: www.marqvision.com

거하는 기능을 제공한다. 이 서비스는 방대한 크로스보더 셀러 데이터베이스를 활용해 전 세계 주요 마켓플레이스와 소셜미디어 등에서 위조 상품과 무단 판매를 감지하고 제거한다.

마크비전의 서비스는 AI를 통한 이미지 인식과 의미 분석 기술을 사용해 정밀도가 높은 탐지를 수행한다. 이를 통해 제품 리스팅을 세부적으로 분류하고, 위조 상품을 정확하게 탐지할 수 있다. 예를 들어 '귀걸이'가 아닌 '로즈골드 파랑돌 귀걸이'로 세분화하여 분류하는 것이다.

또한 마크비전은 50만 명 이상의 판매자 데이터를 보유하고 있으며, 사업자 등록번호, 주소, 연락처 등을 포함하여 온·오프라인 판매자 정보를 수집한 뒤 위조 상품 판매자를 신속하게 제재할 수 있다.

마크비전의 고객이라면 '이미지 볼트' 기능을 통해 저작권 이미지 포트폴리오를 영구적으로 보관하며 각 원본 이미지에 타임 스탬프와 맞춤 URL을 생성해 오픈마켓에 제공함으로써 이미지를 도용한 판매자를 적발할 수 있게 한다.

이와 같은 모든 작업을 기반으로 생성형 AI를 통해 위조 상품에 대한 신고서를 자동으로 작성하고 전 세계에 있는 판매자에게 자동으로 경고장을 발송하는 시스템을 갖추고 있다. 이는 기존에 사람이 제품을 찾고 검수하고 신고하는 속도보다 10배 빠르고 효율적으로 진행할 수 있다는 장점이 있으며, 발맞춰 IP를 관리하는 비용 또한 효과적으로 감소시킬 수 있다.

현재 마크비전은 다양한 글로벌 마켓플레이스와 협력하고 있는데, 대표적으로 틱톡, 샤오홍슈, 핀둬둬 등이 포함되며 국내에서도 G마켓, 쿠팡 등 주요 커머스에서 위조 상품과 무단 판매를 탐지하고 제거할 수 있다.

마크비전은 높은 위조 상품 제거, 불법 유통업체 제거에 대한 기술력으로 여러 글로벌 브랜드를 고객사로 성공 사례를 만들어내고 있다. 특히 LVMH 이노베이션 어워드에서 수상하며 글로벌 명품 브랜드의 중심지인 프랑스 시장에 본격 진출하였고, 현재 LVMH 그룹 내 3개 브랜드를 비롯해 포켓몬스터, 젠틀몬스터, 디스커버리 등 200여 개의 글로벌 브랜드가 이 서비스를 이용 중에 있다. 마크비전는 이처럼 대형 브랜드뿐 아니라, 글로벌 브랜드로 도약하고자 하는 중소기업들에게도 최적화된 합리적인 서비스를 제공하기 때문에, 글로벌 오픈마켓에 진출하고자 한다면 서비스 상담을 받아보는 것을 추천한다.

현재 마크비전은 미국에 본사를 두고, 한국, 프랑스, 중국에 지사를 갖추고 국제상표권협회(International Trademark Association, INTA) 협력사로부터 멤버십 프로그램을 활용해 다수의 이커머스 플랫폼과 IP 보호를 위한 협력 관계망을 구축하고 있다. 세계 시장을 만나기 전 소중하게 키워온 제품과 브랜드의 IP를 지켜내는 것은 매우 중요하기 때문에 마크비전 서비스의 행보에 주목하고 있다.

D2C 커머스의 핵심
'자사몰'에 주목해야 하는 이유
_feat. NHN 커머스

만약 자체적인 제품을 생산하는 브랜드라면 글로벌 마켓에서 오픈마켓만큼이나 '자사몰 구축'에도 많은 고민이 필요하다. 자사몰은 오픈마켓이라는 제한적인 환경이 아닌 자유로운 구축을 통해 브랜드의 이미지를 완벽하게 관리할 수 있기 때문에 소비자의 경험을 최적화할 수 있다.

또한 고객의 데이터도 오픈마켓이 아닌 직접 자사몰을 통해 '수집-분석-관리'함으로써 맞춤형 마케팅 전략을 세우고 고객 관계를 강화할 수 있다.

최근 들어 구글과 메타 등 글로벌 광고 환경이 발전됨에 따라, 자사몰의 경쟁력은 더욱 올라가고 있는데, 자사몰은 중간 유통 플랫폼인 오픈마켓의 수수료를 제외시킬 수 있기 때문에 이익률이 더 좋고 프로모션과 가격 정책을 자율적으로 운영할 수 있다.

요컨대 보다 독창적인 기능과 디자인, 그리고 프로모션을 통해 고객의 충성도를 증가시키고 두터운 팬층을 기반으로 재구매율을 향상시킬 수 있다는 것이다. 오픈마켓은 언제든지 그 경쟁 환경에 따라 기존에 강력한 고객층을 확보한 마켓이 신규 마켓에 대한 점유율이 달라질 수 있다. 하지만 자사몰은 그 모든 과정을 소유함으로써 보다 안정적인 글로벌 커머스를 영위할 수 있도록 한다.

글로벌 자사몰 서비스로 쇼피파이(Shopify)가 있다면, 국내에는 NHN 커머스가 있다. 초도에 쇼핑몰 솔루션으로 시작했지만 현재는 커머스에 필요한 '쇼핑몰 구축, 마케팅, 광고 솔루션, 국내외 물류와 커머스 파트너 연결' 등 다양한 연계 서비스를 제공하고 있다.

NHN 커머스는 중소기업부터 대기업까지 자사몰 구축에 필요한 서비스를 제공한다. 먼저 가장 대표적인 서비스인 고도몰(godomall)은 국내에서 최초로 커스터마이징이 가능한 이커머스 플랫폼과 클라우드 기반의 빠른 속도와 확장성을 제공한다.

2023년에는 샵바이(shop by)라는 최신 IT 기술 MACH(Microservices, API-First, Cloud Native SaaS, Headless)를 적용한 확장형 플랫폼을 선보였는데, 더 폭발적인 쇼핑몰 트래픽에도 안정적이고 탄력적인 운영을 가능하게 해 글로벌 마케팅을 진행하는 브랜드들이 사용하기에 최적화된 플랫폼을 구축할 수 있게 되었다.

NHN 커머스의 플랫폼은 지속적으로 커스터마이징과 기능을 강화할 수 있다는 장점이 있는데, 특히 NHN 커머스의 개발 환경에서 쇼핑몰의 구축, 리뉴얼, 이전 등 운영 전반을 지원하는 '해드림' 서비스와 자사몰을 중심으로 이커머스 환경에 대한 다양한 데이터와 고객 레퍼런스를 고도화한 '마케팅' 서비스를 직접 제공하고 있다.

또한 NHN 커머스가 직접 운영하지 않는 서비스 또한 파트너 센터를 통해 물류, 분석 등 확장 서비스를 제공해 연결해주고 있다. 현재 NHN 커머스는 자회사 IBT와 ICONIC을 통해 중국, 유럽 등 주요 시장에 대한 '유통망' 확대에도 주력하고 있다.

글로벌 커머스 시장에서의 경쟁은 더욱 치열해지고 있다. 그러나 이처럼 한국의 경쟁력 있는 커머스 서비스를 갖춘 기업들의 노력을 통해 더 나은 비즈니스 환경을 구축하고 성장한다면, 국내 기업들이 글로벌 커머스에서 더 나은 경쟁력으로 성공을 거둘 것을 기대할 수 있다.

PART **4**

로켓 발사

국경을 넘어 속도를 높이는 물류 시스템

크로스보더 이커머스 물류, 즉 국경을 넘어가는 물류에 대해서 알아볼 차례이다.

크로스보더의 물류는 국경을 넘어가기 때문에 '통관'이라는 절차를 거치게 된다. 국가에 따라 관세나 인증 문제 등이 발생할 수도 있다. 내 제품에 맞는 통관 절차와 물류 방법에 알아봐야 한다.

우체국 택배나 특송업체를 통해 제품을 발송하던 시대에는 고객이 제품을 언제 받을지 확인할 길이 없었다. 큐텐이 큐익스프레스라는 물류 자회사를 만들고, 한국 집하센터 입고 후 고객과 판매자 모두 추적 가능하도록 만들기 전까지만 해도 말이다.

지금은 쇼피, 라자다 모두 전용 물류 시스템을 통해 구매자의 미수취 신고 감소 및 CS 응대가 용이해졌다. 또한 시스템 연동을 통한 송장번호, 배송 상태 현황을 실시간 반영하여 빠른 정산 처리가 가능해진 상황이다(배달 완료 시 자동수취 확인). 이커머스 시스템과 물류가 통합되면서 해외 운송비용의 편리한 정산이 가능해졌다(정산 시 해외 운송비 자동 차감 시스템 적용).

이커머스 시스템 자체나 물류 파트너사 또는 자회사에서 영세율 적용 증빙 자료도 제공하므로 세무적인 부분도 더욱 편리해졌다.

01

물류를 통해
마케팅을 다시 세팅하라

물류는 '달리기' 기초 체력이다

글로벌 마켓은 마치 스포츠 종목과 같다. 야구, 축구, 농구, 탁구 등 종목마다 규칙과 훈련 방법이 모두 다르듯이 국가와 마켓에 따라 소비자들에게 접근하는 방법은 모두 다르다.

크로스보더 이커머스 물류 시스템

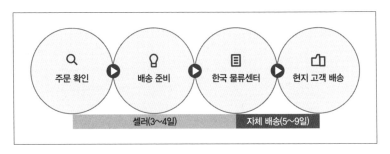

하지만 이 모든 종목의 '기본'이 되는 게 있다면 '달리기'다. 기초 체력이며 추진력이 되는 거다. 물류를 안다는 것은 '달리기'를 잘할 수 있다는 것이다. 아마도 조금 더 빨리 룰에 적응하고 결과를 낼 수 있게 도움을 줄 것이다. 또 자신의 체력에서 오는 자신감이 따라와 어떤 종목이든 시작하는 두려움이 감소할 것이다.

세계 시장은 저 멀리 있는 고객과 만나는 일이다. 그리고 물류는 그곳까지 내가 어떻게 다가갈 수 있는지 방법을 아는 것이다. 물류를 안다면, 저 머나먼 미지의 땅에 있을 고객에게 가는 것이 두렵지 않을 것이다.

마케팅 4P와 물류

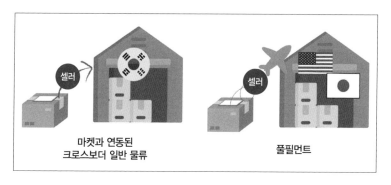

마켓과 연동된
크로스보더 일반 물류

풀필먼트

마케팅 4P는 마케팅 전략을 수립하거나 분석하는 전통적인 개념 이다. 제품을 의미하는 Product와 가격을 의미하는 Price 그리고 광고 등과 같이 판촉 활동인 Promotion 마지막으로 유통을 의미하는 Place를 뜻하며 제품, 가격, 판촉, 장소 4가지 관점에서 마케팅 전략을 수립하고 실행하는 토대를 마련한다. 물류 또한 마케팅 전반에 걸친 영향을 줄 수 있기 때문에 다음과 같은 상관관계를 이해하면 물류를 어떻게 바라보고 접근해야 하는지 개념을 잡을 수 있다.

유통(Place)과 물류

유통은 소비자를 만나는 모든 단계에서 있을 접점을 의미한다. 세계에는 정말로 많은 마켓플레이스가 존재한다. 물류는 이런 마켓플레이스를 연결하는 핵심적인 역할을 수행하는데, 그 구조를 얼마나 잘 설계할 수 있는지에 따라서 우리가 접근할 수 있는 시장은 넓어질 수 있다.

우리가 탭핑하고 싶은 국가의 최종소비자까지 닿는 방법과 비용을 완전히 파악했다면 일은 심플해진다. 전 세계의 마켓이 모두 무대가 될 수 있다. 아마존, 이베이, 큐텐, 알리바바, 쇼피와 같은 오픈마켓을 시작으로 자신감이 붙었다면 쇼피파이와 같은 웹호스팅 서비스를 통해 자사몰을 구축해 직접 유통망을 D2C로 만들어낼 수도 있다.

또한 한국에서 직접 발송할 때와 현지 창고에 가져다 놓고 발송했을 때의 시간과 비용을 비교해 전 세계의 창고 인프라를 이용한 유통 전략을 구축할 수도 있다. 또한 전 세계의 바이어를 만날 수도 있을 것이다. 이처럼 전 세계의 유통망을 연결하는 핵심은 물류에 있다.

제품(Product)과 물류

세상에 제품을 내놓는 방법은 여러 가지가 있다. 직접 제품을 생산하는 ODM(Original Development Manufacturer)도 있지만, 훌륭한 제조라인을 잡은 공장의 제품을 주문자의 라벨링으로 바꾸는 OEM(Original Equipment Manufacturing)도 있다. 대표적으로 한국은 화장품과 건강기능식품에서 세계적인 OEM 제조사를 갖춘 곳이기도 하다. 뿐만 아니라 IP(ntellectual Property), 즉 브랜드의 판권을 가져와 판매하는 리셀러(Resller) 개념의 비즈니스도 가능하다.

이 모든 과정을 잘 살펴보면 물류가 핵심이다. 가령 내가 만들고 싶은 제품에 대한 훌륭한 연구 성과와 독보적인 기술력을 가진 공장이 있다면, 그곳에서 제품을 생산해 픽업하고 다시 소비자에게 유통하는 과정이 물류가 될 것이다. 또한 해외의 브랜드를 소싱해와 새로운 시장과 만나게 해주는 방식으로도 커머스 비즈니스를 성장시킬 수 있다. 이 모든 것은 연결하고 싶은 상품과 마켓 사이를 이어주는 것이 바로 물류다.

제품을 오롯이 연구하고 개발하는 것만이 마케팅에서의 상품을 의미하는 게 아니다. 전 세계의 공장과 브랜드를 나의 제품으로 소싱할 수 있도록 검토할 수 있는 능력을 갖춰야 한다. 그리고 그 구조를 파악하고 사업성을 검토할 수 있게 하는 기초가 바로 물류다.

실제로 한국 백화점에 입점한 세계적인 브랜드들은 '수입사'가 움직이는 경우가 많다. 그들은 유통 구조를 조직적으로 갖추고 해외 브랜드 영업과 물류를 통한 수입통관 국내 유통 구조에 집중한다. 이를 통해 빠르게 전 세계의 IP를 제품 개발 대신 점유할 수 있게 되는 것이다.

가격(Price)과 물류

해외 판매를 고민하는 셀러가 가장 많이 하는 고민 중 하나가 판매 가격일 것이다. 가격은 그 숫자 이면에서 많은 의미를 내포한다. 브랜드의 가치를 나타낼 수도 있고, 브랜드가 추구하는 철학을 나타낼 수도 있다. 다시 말해 가격이 곧 소비자에게 전하는 메시지다. 그리고 가격은 모든 유통 구조를 쪼개어 그 사이사이 들어가는 비용을 구체화했을 때 비로소 정할 수 있다. 예를 들어 '제품의 생산 단가 또는 공급가 ⇨ 주문 전까지의 보관 비용 ⇨ 제품 출고 비용 ⇨ 배송 비용' 순으로 들어가는데, 해외의 경우 배송 과정에서 통관, 유류할증료, 관세, 현지 운송 비용 등 다양한 비용 변수가 발생한다.

해외 판매의 경우 현지의 고객까지 닿는 물류비용을 정확히 알아야 한다. 그리고 그것이 제품 가격 정책과 충돌한다면 유통 단계 전반에 걸친 비용 점검과 협상을 진행해야 할 것이다. 제조사 또는 브랜드사와 공급가를 조정할 수도 있을 것이고, 보관 장소를 보다 저렴한 창고를 찾아 비딩할 수도 있고, 아예 더 저렴한 해외 창고를 찾아 허브로 이용할 수도 있을 것이다. 항공 배송보다 저렴한 해상 운송을 통해 대량의 물량을 보내서 현지에 보관하고 발송하는 것도 방법이 될 것이다.

프로모션(Promotion)과 물류

우리가 해외의 새로운 마켓에 진출한다고 가정해보자. 어떤 전략을 펼쳐야 할까? 오픈마켓은 '랭킹 싸움'이다. 그리고 그 카테고리의 랭킹을 구성하는 것은 다음과 같다.

1. 가격 높은 순
2. 가격 낮은 순
3. 리뷰 수
4. 평점 수
5. 등록일 수

전체적으로 이 랭킹을 흔들 수 있는 건 '물류'다. 처음 업로드할 때 신규 등록 기념으로 가격 할인과 함께 무료 배송 이벤트를 진행해보자. 조금 더 망설이는 시간을 줄일 수 있다. 이후 좋은 리뷰를 만들 수 있게끔 고객과의 소통에 최선을 다한다. 그렇게 좋은 리뷰와 평점이 올라가면서 필터의 상위 섹션 여러 개를 갖출 수 있게 된다.

오픈마켓에 물건을 업로드한다고 해서 아무런 일도 일어나지 않는다. 중요한 건 적극적인 프로모션을 통해 구매를 유도하고, 리뷰와 신뢰를 쌓아 보다 상위 랭크에서 본격적으로 수익을 실현하는 것이다. 물류는 이후에 시장에 진입한 경쟁자들의 도전을 이겨낼 때도 유용하게 쓰일 수 있다. 아직 자금력과 인지도가 부족한 신규 진입자가 진입하기 까다로운 벽을 만들어낼 수 있다.

다음은 물류를 통한 대표적인 프로모션들이다.

무료배송, 무료반품

이커머스로 물건을 구매하는 소비자에게 가장 큰 허들은 '배송비'다. 온라인 시장에서 처음 판매를 끌어낼 때 배송비 무료는 강력한 프로모션 요인이 된다. 또한 의류 쇼핑의 경우 배송된 옷이 자신의 사이즈와 맞지 않을 때, 온라인상의 상품 내용과 다르다고 느낄 때 소비자는 반품의 번거로움과 비용을 생각해 구매를 망설일 수 있다. 이때 무료반품을 지원한다면 이 같은 소비자의 고민 시간을 줄일 수 있다.

당일출고, 새벽배송, 도착보장

빠른 배송을 통해 구매를 촉진할 수도 있다. 우리나라에는 이미 '당일출고' '새벽배송' '도착보장' '내일도착'과 같은 스티커들이 익숙하다. 온라인에서 주문한 상품이 언제 올지 막연하게 기다리던 시대는 끝났다고 해도 과언이 아니다. 특히 빠른 배송은 구매 후 고객들이 망설이는 시간을 확실하게 줄여 구매 취소를 방어할 수 있다.

번들상품, 합포장 추가 할인

물류센터 한 곳에 여러 상품을 취급하는 풀필먼트 서비스를 이용한다면 다른 브랜드 제품과의 합포장 또는 번들 세트 제품을 함께 주문하고 한 번의 배송으로 받을 수 있게 된다. 이를 통해 소비자들은 조금 더 편리하게 여러 제품을 선택하고 할인된 가격을 통해 주문 내역과 주문량을 늘릴 수 있다.

이처럼 물류 또한 적극적인 판촉과 시장장벽을 만들 수 있는 프로모션 도구로 사용될 수 있다.

진화하는 물류 플랫폼
4PL을 찾아라

우리가 물류 대행 하면 떠오르는 흔히 '3PL'을 떠올린다. Third Party Logistics의 약자인 3PL은 전문 물류기업이 전체적인 서비스를 제공하는 것을 의미한다. 다음은 전통적인 로지스틱스 형태에 따른 구분이다.

1PL(First-Party Logistics)

- 정의: 기업 내부에서 자체 물류 조직을 운영하여 자체 물류를 수행하는 형태
- 특징: 기업이 직접 물류 활동을 관리하고 운영한다.

로케팅

2PL(Second-Party Logistics)

- 정의: 기업이 자회사나 계열사를 통해 모기업의 물류를 담당하는 형태
- 예시: 기업 A가 자회사 B를 통해 물류를 진행하면, B는 2PL 서비스를 제공하고 있는 것이다.

3PL(Third-Party Logistics)

- 정의: 물류 전문기업이 화주를 대상으로 물류를 대행하는 서비스를 제공하는 형태
- 특징: 외부 업체가 물류 활동을 대행하며, 화주는 물류 운영을 외부에 위탁한다.

3PL을 제외하면 다소 생소할 수도 있지만 이와 같이 나누는 이유는 최근 가장 주목받고 있는 물류 대행의 형태인 4PL을 설명하기 위해서이다.

IT와 결합된 '통합물류시스템' 4PL

다른 업계도 마찬가지겠지만 물류 업계의 화두 또한 역시 IT 기술을 접목한 시스템이다. '주문-보관-배송'이라는 프로세스를 더 빠르고 정확하게 수행하기 위해 시스템을 고도화하는 물류회사들을

통틀어 '4PL'이라고 한다.

전통적인 물류회사들은 일반적으로 관리하는 창고의 평수나 설비, 운송수단의 보유 현황 등을 강조한다. 반면에 4PL 물류사들은 대부분 API를 통해 주문이 연동된 오픈마켓의 수, 즉 사용성을 극대화한 주문 처리, 재고 관리 시스템 그리고 다양한 배송사들과 연결된 국내외 배송 추적 서비스 등을 강조한다.

4PL은 3PL 물류사가 제공하는 인프라를 모두 제공하면서 IT 기술을 접목한 것을 의미한다. 요컨대, 데이터 기반의 효율적인 물류가 핵심인 것이다. 4PL 물류사의 예로는 '파스토, 품고, 위킵, 테크타카, 콜로세움, 큐익스프레스'와 같은 회사들이 있는데, 모두 자체 개발한 물류 시스템을 핵심 서비스로 내세우고 있다.

4PL 물류사의 서비스: 데이터 연동의 힘

4PL 물류사들의 힘은 API에서 나온다고 해도 과언이 아니다. 앞서 언급된 API는 Application Programming Interface의 약어로 서로 다른 시스템이나 프로그램 간에 데이터 및 서비스를 교환할 수 있도록 하는 것이다. 4PL 물류사들은 기획-개발 기능을 강화한 물류사답게 API 연동을 통해 서비스 흐름을 만들어낸다. 다음은 4PL 물류사들이 만드는 대표적인 연동 서비스들의 예시이다.

첫째, 멀티마켓 구축을 위한 '주문 연동'

4PL 물류사들은 다양한 마켓플레이스와 주문을 연동한다. 국내의 쿠팡, 네이버, 티몬, 위메프, 인터파크, G마켓, 옥션, 롯데온부터 해외의 큐텐, 라쿠텐, 쇼피, 라자다와 같은 해외 오픈마켓이나 샵바이, 카페24, 메이크샵, 샵라인, 쇼피파이 등 자사몰 구축 솔루션까지 폭넓게 연동되어 있다. 이를 통해 4PL 물류사의 고객은 '멀티마켓의 주문'을 하나의 시스템에서 처리할 수 있다.

둘째, 하나 또는 여러 풀필먼트 센터와의 '재고 연동'

4PL은 3PL이 제공하는 창고 서비스도 제공한다. 4PL 물류사가 제공하는 창고 서비스를 '풀필먼트'라고 하는데, 창고의 보관-관리 기능을 기반으로 한 입고-출고 전 과정을 시스템 내에서 작업을 요청하고 현황을 관리할 수 있다.

큐익스프레스의 경우 해외에 위치한 풀필먼트 센터 또한 하나의 시스템에서 관리하고 있는데, 이 경우 주문이 들어온 고객이 있는 국가에서 가장 가까운 풀필먼트 센터에 있는 재고가 먼저 출고되는 '스마트 할당' 기능도 제공하고 있다. 화주사가 만약 한국과 싱가포르의 풀필먼트 센터를 이용하고 있고 각각 일본과 말레이시아에서 주문이 발생한다면, 전자는 한국에서 출고되고 후자는 싱가포르에서 출고되는 것이다.

셋째, 1PL, 2PL, 3PL 시스템을 통한 유연한 협업

4PL은 시스템을 통한 유연한 협업이 가능하다. 화주사가 만약 1PL, 2PL 형태로 자체 창고 또는 물류 자회사를 통해 재고를 관리하고 있다면 4PL 물류사에는 주문 연동과 해외 배송 등의 업무만 시스템을 통해 협력할 수 있다. 이는 '크로스도킹(Cross Docking) 방식'이며, 이때에는 4PL 물류사와 연동된 마켓플레이스와 배송 인프라만을 이용하는 것이다. 현실적으로 특정 화주사가 해외 배송을 하기 위해 해외의 여러 배송사와의 연동을 모두 진행하기란 어렵다. 때문에 이 같은 크로스도킹 방식은 해외 마켓을 대상으로 한 가장 대표적인 물류 서비스로 제공된다.

또 전문 물류사인 3PL과도 협업이 가능하다. 3PL 물류사들은 다양한 화주의 물건을 보관하고 있는데, 화주들이 특정 국가에 보낼 물건을 보관하여 출고 준비를 한 뒤, 4PL 물류사의 시스템을 통해서 해외 송장을 발행하고 발송할 수 있다.

또는 일반 물류창고의 관리 효율을 더해줄 WMS를 제공해서 서로 화주를 두고 협력할 수 있다. 물론 그 어떤 물류 인프라가 없는 회사도 4PL사의 물류 시스템을 이용할 수 있다. 한편으로는 규모가 작은 화주사일수록 4PL이 제공하는 '풀필먼트 서비스'를 통해 적은 비용으로 최대의 효율을 낼 수 있다.

넷째, 확장되는 부가서비스

4PL의 연동 영역은 넓고 매년 그 범위가 확장되고 있다. 사실 4PL이 제공할 수 있는 서비스의 범위는 화주사의 요청에 따라 유연하게 대응하기도 하고, 물류 시스템의 자체적인 방향성을 통해 결정되기도 한다. 예를 들어 포워더와의 API 연동을 통해 '디지털 포워딩' 방식으로 B2B 운송 서비스도 시스템에 통합되는 추세이다. 그리고 통관사-관세청 연동을 통한 자동수출신고 서비스, 그리고 여러 마켓플레이스의 사입-판매 기능과의 연동이 있다. 최근에는 고객의 판매-배송 과정에서의 고객 히스토리 관리를 통해 CS 서비스도 제공하고 있다.

빠르고 유연한, 진화하는 물류사를 만나야 한다

물류사를 선택할 때는 비용만 있는 것이 아니다. 매일 진화하는 물류 파트너를 만나는 것은 가장 최신의 물류 서비스를 제공받는 효과를 준다. 따라서 물류사 선택에 있어서는 사업 계획을 기반으로 가장 최적화된 플랜을 가지고 있는 물류사를 파트너로 만나는 것이 중요하다. 때문에 IT 기술을 기반으로 다양한 사업의 확장 기회를 연결해줄 수 있는 4PL 물류사와의 협업을 추천한다.

4PL의 핵심
'물류 시스템'을 파악하라

앞서 4PL 물류사를 구분하는 방법, 그 기능과 특징에 대해 서술하였는데 가장 핵심인 4PL 물류사의 시스템을 살펴보는 3가지 관점에 대해서 정리해보겠다. 개별적인 물류 플랫폼들의 개발 방향과 서비스는 다를 수 있지만, 전체적으로는 '주문-창고-배송'이라는 핵심기능을 통해 비교해볼 수 있다. 이 3가지 시스템의 연동 범위와 정교함이 좋은지에 따라 4PL 물류 플랫폼의 서비스 퀄리티를 가늠할 수 있을 것이다.

주문 관리 시스템: OMS(Order Management System)

먼저 셀러는 다양한 쇼핑몰에서 발생한 주문을 처리하는 시스템

로케팅

을 갖춰야 한다. 또한 주문한 고객의 주문 제품과 국가에 따라 배송 가격과 포장 방식이 달라질 수 있기 때문에 글로벌 주문 관리 시스템은 중요하다.

국내에는 주문 관리 시스템으로 '사방넷, 샵링커, 플레이오토'와 같은 회사들이 있으며, 국내외 오픈마켓의 주문 연동부터 오픈 API를 통해 자사몰의 주문을 연동한다.

주문을 연동한 뒤에는 주문을 처리하게 되는데, 이때 뒤이어 소개할 재고 관리 시스템을 통해 물류센터의 재고를 연동해놓는다면 재고량보다 더 많은 주문이 처리되는 오버셀링을 방지할 수도 있다. 또한 주문에 대한 예약 발송 기능을 통해 이벤트 제품을 처리할 수도 있을 것이다.

주문을 한 곳에 모으는 OMS 서비스는 최근 물류 플랫폼이 제공하던 WMS 기능을 갖추는 방식으로 서비스를 확장하고 있으며, 물류 플랫폼 또한 주문 연동을 진행하며 그 경계가 허물어지고 있다.

창고 관리 시스템: WMS(Warehouse Management System)

다양한 쇼핑몰에서 주문이 한곳으로 모였다면 이 주문을 처리하는 핵심 기능을 제공하는 게 WMS다. 기본적으로 풀필먼트 서비스를 제공하는 물류사에서 창고 내의 재고, 입출고, 주문 처리 등 물류 프로세스를 관리해 효율을 높이고 오류를 감소하는 것을 목적으로 한다.

주요 기능으로는 재고의 입고와 출고에 따른 실시간 재고 현황을 파악할 수 있다. 그리고 특정 상품의 재고가 어디에 위치해 있는지 로케이션을 확인할 수 있다. 또한 재고의 정보 값을 특정 바코드에 매칭해 식별할 수 있는 기능도 수행한다. 즉 WMS는 실제 물리적인 창고에서 일어나는 작업들이 실시간으로 시스템에 반영되는 모든 것을 의미한다. 이를 통해 고객과 관리자는 물리적 제약 없이 창고의 상황을 파악할 수 있다.

WMS는 현재 상온, 냉장, 냉동, 유통기한 등에 따라 보다 복잡한 재고 관리 방식도 가능해졌다. 그리고 입고와 출고 추이를 분석해서 고객으로 하여금 제품 생산과 판매에 대한 전략적 데이터를 제공하기도 한다. 최근에는 여러 AI, 로봇공학 기술이 도입되면서 '스마트센터' 운영이 활발해지고 있다.

WMS는 물류 시스템의 핵심 기능으로 주문 연동과 배송 연동을 이어주는 실질적인 허브 시스템이라고 볼 수 있다.

배송 관리 시스템: TMS(Transportation Management System)

접수한 주문이 창고의 작업자에 의해 픽킹과 팩킹 작업을 거쳤다면 이제 출고 준비가 끝나고 배송사의 픽업과 함께 배송이 진행된다. 그리고 배송이 진행되는 현황을 추적하는 것이 기본적인 TMS의 역할이다. TMS는 CS에 중요한 정보를 제공하는데, 실제로 고객은 자신의 물건이 어디쯤 와 있는지 확인하는 것만으로도 배송에 대한 만족감이 올라가게 된다.

TMS의 원리는 출고될 때 발번되는 출고 데이터가 운송사의 입출고 데이터에 맞물리면서 상태 값이 업로드되는 방식이다. 해외 배송의 경우 한 번의 판매에도 항공사, 선사, 통관사, 현지 배송사 등 여러 파트너사와의 데이터 교환을 해야 하는 복잡한 작업이 이루어진다.

TMS는 이때 배송 상황에 대한 가시성 있는 데이터를 제공한다. 이를 통해 운영자 또는 고객이 상품의 지역적 위치가 어디인지 파악할 수 있다. 또한 과정에서 반복적으로 발생하는 운송 계약이나 명세서 등을 자동으로 생성하고 처리하여 업무 효율을 높인다. 그리고 데이터를 통해 예상 비용을 산출해 화주사로 하여금 배송비에 대한 빠른 의사결정을 할 수 있도록 돕는다.

결과적으로 OMS, WMS, TMS 시스템은 물류의 효율성을 높이기 위해 유기적으로 연관되어 있다. 각 시스템사들은 개발 방향과 전문성이 조금씩 다르기 때문에 잘 맞는 시스템을 선택하여 운영하는 것이 중요하다. 또한 한번 적용된 시스템은 바꾸는 것이 쉽지 않기 때문에 통합 운영을 염두에 두고 신중하게 시스템을 선택해야 한다. 사용 중이고 충분히 적응한 물류 시스템이 계속해서 트렌드를 반영하지 못하고 업그레이드가 없다면, 물류 경쟁력은 자연스럽게 뒤처질 수 있기 때문이다.

크로스도킹과
풀필먼트 살펴보기

이커머스 물류사들에게 이용할 수 있는 서비스는 크게 두 가지 타입으로 분류된다.

크로스도킹(Cross Docking) By-Pass

셀러가 자신의 물류센터 또는 물류협력사에서 주문 처리 및 P&P(Picking & Packing)를 모두 진행한 뒤, 해외 배송 처리를 위해 해외 배송 물류사의 집하지에 물건을 전달한다. 이후 해외 배송 물류사는 해당 물건에 있는 바코드 라벨을 통해 해외 송장을 분류해서 발행한 후 부착한 뒤 배송을 진행하는 방식이다.

풀필먼트(Fulfillment)

주문 처리부터 재고 관리, 배송 처리까지 모두 하나의 센터에서 진행하는 것을 의미한다. 풀필먼트 센터 내에서 연동된 시스템을 통해 주문을 받고 재고를 차감하며 물건을 패킹해 최종적인 배송 처리까지 진행한다. 별도의 풀필먼트 요금을 협의해야 한다.

담당자와 크로스도킹 논의하기

물류회사에 자신에게 적합한 타입의 배송 서비스를 논의하기 위한 방법은 다음과 같다.

배송 타입별 분류

크게 발송인과 수령인의 구분에 따라 3가지로 구분된다.

C2C 배송

Consumer to Consumer로, 개인과 개인 간의 택배 배송을 의미한다.

B2C 배송

Business to Customer로 자사몰, 오픈마켓 등을 통해 기업이 여러 고객에게 개인통관 방식으로 배송하는 것을 의미한다.

B2B 배송

Business to Business로 수출자, 수입자 관점에서 정식으로 수출입 절차를 거쳐 배송하는 것을 의미한다.

다시 말해서 물류사에게 쇼핑몰을 중심으로 한 배송은 B2C 배송 프로세스를 문의하면 된다. 그리고 해외의 바이어에게 일정량 이상 수출이 필요하다면 B2B 배송 프로세스를 문의하면 된다.

B2C 배송 서비스별 분류

이커머스 기업의 경우 물류사가 제공하는 배송 서비스의 범위에 따라서 크게 다음과 같이 3가지로 분류된다.

이코노미(Economy/ECO) 타입

현재 국내에서 발송하는 일본향 물류의 경우 스몰 패키지 전용 상품인 이코노미 타입이 존재한다. 이는 수취인의 우편함에 투함하는 배송 방식으로 제한 사이즈와 무게가 있으며, 야마토의 네코포스 타입이다. 제한 사이즈는 A4 사이즈(31.2cm 22.8cm) 이내이며, 두께는 2.5cm 이내다. 또한 무게도 1kg 이하로 제한된다. 배송 추적은 가능하지만, 수취를 증명하는 서명 자료 제공은 불가하다. 규격이 작은 소형 화장품 등에 적합하며 매우 저렴한 배송비가 강점이다.

스탠더드(Standard/STD) 타입

스탠더드 타입은 가장 일반적으로 쓰이는 '이커머스 배송 타입'이다. 일반적으로 특송 서비스보다 저렴한 배송비를 갖추고 있지만, 특송에 준하는 빠른 배송으로 쇼핑몰 배송에 최적화되어 있다. 물류사들이 '통관사-선사(항공, 해운)-현지 배송사'를 각각 협의해서 서비스 라우트를 만드는 방식이기 때문에 각 물류사별로 스탠더드 배송망을 갖춘 국가들이 다르다. 따라서 다양한 배송 국가의 스탠더드 타입을 갖춘 물류사를 배송망으로 쓰는 것은 확장에 용이한 측면이 있다. 합리적인 가격 빠른 배송과 배송 추적, 그리고 수취 증명부터 관세 수취 대행 등 여러 서비스를 협의할 수 있다.

익스프레스(Express/EXP) 타입

일반적으로 물류사와 특송사들의 계약을 통해 만들어진 배송 라우트를 의미한다. EMS, UPS, DHL, Fedex와 같은 특송 서비스들을 보다 할인된 가격에 이용할 수 있다. 스탠더드 타입과 다르게 자체 통관 항공, 현지 배송을 활용하는 특송사들이기에 더 많은 국가에 더 적은 제약으로 다양한 타입과 무게의 물건을 빠르게 배송할 수 있다. 다만 이코노미와 스탠더드에 비해 가격이 높은 편이지만, 물류사별로 특송사와 협의한 할인가격이 있기 때문에 비교해서 체크해 볼 수 있다.

배송비 책정의 방식

부피와 중량 무게

일반적으로 배송은 '무게'에 의해서 결정된다. 무게에는 크게 '부피 무게'와 '실중량'이 있는데 둘 중 더 무거운 무게를 기준으로 비용이 청구된다. 실중량은 그야말로 체크되는 무게 중량에 따라 쉽게 책정이 가능하고 부피 무게는 다음과 같은 방법으로 측정할 수 있다.

가로(cm)×세로(cm) ×높이÷5,000 = 부피 측정 무게(kg)

따라서 해외 배송의 경우 과도한 포장 등으로 부피 측정 무게가 너무 높게 나오지 않는지 체크해야 한다.

무게 구간과 타입

무게 구간별 요율표를 받아보면 특정 구간에서는 단위가 50g 100g으로 세분화되어 있다. 하지만 다음 무게 구간의 비용이 청구되기 때문에(가령 550g이면 1,000g의 요금이 청구된다) 500g 미만으로 맞추거나, 물류사와 중간 구간의 무게 요금(550g 또는 600g)을 협의해볼 수 있다.

또 이코노미를 이용하고 싶은데, 2.5cm 두께 규격에서 0.5cm 초과된 3cm 두께라고 한다면 물류센터 입고 후 부피 무게 측정 과정에서 자동으로 스탠더드 요율로 상향된다. 이렇듯 해외 배송에는 무게 구간을 잘 설정하고 이에 맞는 규격을 맞추는 것만으로도 비용을 절감하고 효율을 높일 수 있다. 따라서 해외 배송비를 염두에 두고 제품 패키지에 대한 구성 변경을 적극적으로 검토하여 세트 상품 등을 구성해 주문 객단가를 높여 물류비의 비중을 상대적으로 낮추는 것도 방법이 될 것이다.

부가세와 유류할증료 수출신고비용 등

배송 요율표를 받았다면, 물류사별로 부가세나 유류할증료, 수출신고비용 등이 추가된 것인지 꼼꼼하게 비교해서 체크해볼 필요가 있다. 특히 최근에는 국제 유가의 변동성으로 인해서 지속적으로 특별 유류할증료가 발생하고 있는데, 한국발 해외향의 일본, 싱가포르, 대만, 홍콩, 말레이시아, 미국 등 구간에서 청구되고 있다. 비용의 일부는 물류사에서 배송비에 포함해 내주는 경우도 있지만, 이같이 추가적으로 발생할 수 있는 비용을 체크해서 물류비를 세팅해야 추후에 혼선이 없다.

담당자와 풀필먼트 논의하기

풀필먼트는 수요를 예측할 수 없는 이커머스 시장에서 고객들이

보다 유연하게 대응할 수 있는 물류 서비스를 제공한다. 예를 들어 오픈마켓 또는 자사몰에 특정 이벤트, 시즌 기간에 갑자기 주문이 늘어나 입·출고량이 많아진다고 하더라도 특정 시즌에 맞춰 창고의 보관 스페이스와 인력을 채용하는 것이 쉽지 않다. 풀필먼트의 경우 이러한 제약 없이 실제로 보관되고 처리된 물동량에 따라 비용을 청구하기 때문에 유연한 운영이 가능하다.

또한, 풀필먼트를 제공하는 물류사들은 여러 고객의 물량을 모아두었기 때문에 물량을 기준으로 운송사들로부터 보다 좋은 가격의 운송비 혜택을 받을 수도 있다. 다음은 풀필먼트를 제공하는 물류사들의 일반적인 비용 구분이다. 세부적인 내용과 항목명은 각각 다를 수 있으나, 기본적인 개념은 다음과 같다.

풀필먼트 정산 비용의 구분

입고, 검수비

풀필먼트 센터에 물건이 입고될 때 청구되는 비용을 뜻한다. 팔레트 단위, 박스 단위, 피스(pcs) 단위로 구분된다. 검수비는 단순히 수량을 파악하는 검수부터 상품의 불량 상태를 살펴보는 것까지 범위가 넓은데 검수 난이도에 따라 비용에 대한 협의가 진행될 수 있다. 고객 입장에서는 단위가 큰 팔레트 단위와 단순 수량 파악 검수를 하는 게 가장 저렴하겠지만, 풀필먼트 물류사는 입고와 동시에 해당 재고들에 대한 책임이 있게 된다. 때문에 입고의 단위와 검수의 범위에 대해서 조율할 수 있다.

보관비

입고와 검수를 끝냈다면 제품은 풀필먼트 센터에 보관된다. 이 또한 역시 팔레트, 박스 단위, 피스 단위, CBM 단위, 보관 평수 등 여러 방법으로 기준을 정한다. SKU가 적고 SKU당 보관량이 많은 경우에는 팔레트 단위로 충분하겠지만, 반대의 경우에는 물류사에서 박스 단위 또는 CBM 단위로 보관비를 청구할 수도 있다. 월 보관료의 개념도 있지만 일 단위로 보관비를 청구하는 것도 가능하다.

대부분의 풀필먼트사는 입고와 출고가 한 달 내내 일어나기 때문에 그 중간에 있는 '실질 보관량'을 기준으로 청구한다. 보관비 영역은 풀필먼트의 효율을 가장 잘 나타내는 부분이기도 하다.

출고비×가공비

보관되던 재고는 주문이 들어오면 출고를 거치게 된다. 출고비는 일반적으로 P&P(Picking & Packing)라고 불리기도 하는데, 배송 전 단계까지 일어나는 출고 과정을 뜻한다. 세부적으로 살펴보면 다음과 같다.

- 기본 포장비: 기본적으로 주문된 상품을 패킹하여 처리하는 비용

- 추가 포장비: 기본 포장비에 포함된 합포장을 초과해 물건을 담아야 하는 경우 청구되는 비용

  * 가령 1주문당 합포장 3개까지는 기본 포장비에 포함되나 4개부터는 건당 추가금이 붙는 방식

- 송장, 라벨 부착비: 발행된 해외 송장을 붙이는 작업

기타 임가공

고객의 요청에 따라 특정 공정. 예를 들어 랜덤박스 포장, 특별 이벤트 포장 등 별도의 임가공이 들어가는 경우 협의하에 청구될 수 있다.

배송비

풀필먼트에서 또 가장 중요한 것이 배송비다. 고객은 풀필먼트 물류사를 통해 여러 배송사의 배송비를 동시에 받고, 또 관리할 수 있다. 배송비는 풀필먼트를 진행하는 물류센터의 전체 물량을 기준으로 책정된 할인 금액이 있기 때문에 개별 운영보다 더욱 효율적인 경우가 많다.

대부분의 풀필먼트사들은 여러 택배사와 계약을 하고 있어 특정 택배사를 선택할 수도 있다. 반대로 상황 발생 시 유연하게 다른 택배사의 물류망을 곧바로 이어서 사용할 수도 있다. 배송비는 직접적으로 서비스를 제공하는 풀필먼트사가 아니더라도 비교적 비슷한 편

이나, 고객의 보관 물량 등에 따라 추가적인 할인이 더 붙을 수 있다.

기타 금액

기타 금액에는 반품, 재입고에 대한 비용과 시스템(WMS) 이용료 등이 있다. 반품 재입고의 경우 고객의 사무실로 받는 경우도 있지만, 협의한다면 물류센터에서 직접 반품받을 수도 있다. 또한 WMS 비용을 청구하는 경우도 있지만, 물량이 일정 수준 이상 나오는 고객에 대해서는 시스템 이용료를 청구하지 않기도 한다.

풀필먼트 비용 비교와 협상

다만 풀필먼트는 물류사별로, 또 상품의 물성별로 처리하는 공정이 조금씩 다르기 때문에 비용을 비교하고 파악하는 것이 쉽지는 않다. 따라서 전체적인 물류 운영 데이터를 가지고 물류사별 기준에 맞게 시뮬레이션을 통해 계산된 예상 물류비를 기준으로 판단하는 것이 좋다.

물류비를 협의할 때는 물류사의 책임을 줄일수록 비용은 절감된다. 가령 오배송률과 로스율 등을 고려해서 물류사와 보관, 배송사에 대한 협의를 진행할 수도 있다. 또한 원터치 박스(별도의 테이핑이나 접는 것이 필요 없는) 등을 이용해 공정을 줄이면 이에 따라 가공비가 줄어들 수도 있다.

풀필먼트는 한번 입고된 후에는 물류센터를 좀처럼 옮기기 힘들기 때문에 처음 협의 단계에서부터 꼼꼼하게 체크하는 것이 중요하다. 아울러 시간이 흐르고 물류센터가 물성에 익숙해지기 시작하면 외려 더 효율적인 방식의 풀필먼트 운영을 제안하기도 한다.

따라서 해당 물류센터에 어떤 카테고리의 상품들을 다루고 있는지 파악하고 컨디션과 비용을 함께 고려해 협상하는 것이 중요하다.

　　　　　　　　　　　　　　　　　　　　로케팅

4PL 물류 서비스
진행 절차 살펴보기

이커머스 물류 서비스는 크로스도킹(Cross-Docking)과 풀필먼트 (Fulfillment) 두 가지로 나뉜다. 크로스도킹 방식은 고객이 자체 물류센터에서 보관-포장을 진행하고 배송 대행만 진행하는 경우이다. 풀필먼트는 보관-포장 모두 물류 대행을 맡기는 경우이다. 이 모든 과정에는 앞서 설명했던 물류 시스템이 핵심이 되는데, 대략적인 프로세스를 정리하면 다음과 같은 순서로 이어진다.

크로스도킹(Cross-Dokcing)

보관-포장은 자체 진행하고 배송 대행만 맡기는 경우

배송요율표 비교-확인

먼저 국내-해외 배송을 제공하는 여러 배송사의 요율표를 받아본다. 발송 국가, 방식(해상 또는 항공) 서비스 타입(이코노미, 스탠더드, 특송) 등을 구분하여 받는다.

배송사 선정 및 시스템 가입

가장 적합한 배송사를 선택했다면, 물류사가 제공하는 시스템에 가입한다. 배송 대행의 경우 별도의 계약서 없이 회원가입으로 갈음이 되는 경우도 있다. 국가별 배송 주의사항은 꼼꼼하게 읽어보도록하자.

발송 상품 등록

만약 WMS와 주문 연동이 된 쇼핑몰이라면 주문을 시스템으로 수집할 수 있고, 그렇지 않은 경우에는 일반적으로 개별 또는 대량의 경우 액셀 양식으로 업로드할 수 있다.

배송 신청-바코드 부착

상품 등록과 주문 수집이 끝났다면 배송 신청을 한 뒤 조회된 바코드 라벨을 출력하여 포장한 택배상자에 붙일 수 있다.

집하지 전달-배송 시작

배송 대행을 진행하는 물류사의 집하센터로 발송을 진행한다. 직접 전달도 가능하고, 용차를 섭외하거나 픽업 서비스를 신청할 수도 있다. 배송이 하루 이틀 늦어지더라도 택배를 통해 집하지 배송도 가능하다. 집하지에 입고된 순서대로 배송이 시작된다.

배송 조회 및 청구서 조회

발송 처리된 상품은 배송 상황에 대한 조회와 청구서 및 해외 소포 수령증 등을 시스템 내에서 확인할 수 있게 된다.

풀필먼트 프로세스

주문의 수집 보관-포장 모두 물류 대행사가 처리하는 경우

상담 및 계약 진행

풀필먼트의 경우, 물성에 따라 보관-작업 방식이 다르기 때문에 사전 상담과 이에 따른 계약서 작성이 따라오게 된다. 따라서 풀필먼트사를 선정하는 것은 더 많은 미팅이 요구된다.

상품 선별과 등록

풀필먼트 담당 매니저와 상담이 끝났다면 풀필먼트에 입고할 상

품의 SKU를 구분하여 시스템에 등록을 진행한다.

입고 신청

풀필먼트 창고에 등록된 제품 정보와 SKU의 입고 신청을 진행한다. 창고 담당자는 이를 확인해 보관할 수 있는 공간과 작업 내용 등을 예상하여 입고 승인 또는 입고 보류를 진행할 수 있다. 또한 입고할 날짜를 확인할 수 있다.

상품-재고 관리

상품이 센터에 무사히 입고됐다면, 풀필먼트 재고 관리 등을 통해 SKU별 보관 수량을 확인할 수 있다. 이를 통해 부족한 재고가 있는지 여부 등을 체크할 수 있다.

주문 연동-등록

풀필먼트의 경우도 마찬가지로 주문이 연동된 쇼핑몰의 주문은 자동으로 수집하게 되고, 그 외의 경우는 개별 등록 또는 대량 엑셀 등록이 가능하다.

출고 및 배송 조회

자동 출고의 경우 수집된 주문을 픽업하여 포장해 출고까지 진행하게 된다. 또는 개별 주문을 분리하여 출고도 가능하다. 발송된 화물은 역시 배송 조회 및 청구서 소포 수령증 등 조회가 가능하다.

재고 반송 및 기타 작업

풀필먼트에 있는 재고를 운용하는 데 있어서 풀필먼트 매니저와 여러 협의가 가능하다. 재고를 반송하거나 특정 바이어 연결 재고 조사 등 다양한 방식으로 업무 협조를 요청할 수 있다.

06

이미 만들어진
라우트를 활용하라

판매 페이지의 링크만 전달하면 된다

우리가 길을 찾을 때를 생각해보자. 지도 앱을 켜서 어떻게 근처까지는 온 것 같은데 건물과 건물 사이 또는 건물의 여러 간판 사이에서 내가 찾고자 하는 곳이 잘 안 보일 때가 있다. 여러분은 보통 어떻게 하는가? 보통은 지나가는 동네 사람에게 내가 찾고자 하는 곳을 묻고 그 사람은 정확히 손가락으로 위치를 짚어준다. 그렇다면 더 이상 지도를 켤 필요가 없다. 손가락의 끝부분을 향해서 가기만 하면 된다.

해외 판매와 관련된 배송도 마찬가지다. 내가 판매하고자 하는 마켓에 가능 여부를 확인하기 위한 마지막 디테일을 확인하는 것은 생각보다 간단한 일이다. 국내 쇼핑몰의 판매 링크(URL)를 보내주면 된다. 전 세계 이커머스는 비슷한 구조로 상품의 정보를 등록하기 때문에 이커머스 물류 전문가들은 어디서, 어떤 정보들이 필요한지 알게 된다. 그리고 이미 배송 중인 아이템들 중 유사 카테고리 레퍼런스 확인을 통해 빠르고 정확하게 통관 가능 여부와 예상 배송 소요일 비용 등을 확인할 수 있고, 관련된 주의사항도 안내할 수 있다.

이미 많은 상품이 해외 시장을 개척했고, 글로벌 셀링을 성공적으로 진행하고 있다. 디테일은 전문가들이 빠르게 짚어줄 수 있다면 무엇을 물어봐야 하는지는 다음 내용을 통해 정리해보자.

공통 주의사항

해외 수출을 준비한다면, 먼저 내 상품이 한국에서 해외 역직구가 가능한지 여부와 주의사항들을 체크해볼 필요가 있다. 다음은 즉시 진행 가능한 이커머스 역직구 기준이다. 만약 다음 내용에 부합되지 않는다고 하더라도 특송(Express) 타입의 배송 또는 정식 수출입 절차를 통해 해외의 시장에 진출하는 방법을 찾아볼 수 있다.

배송 타입별 한도 파악하기

배송 타입과 요율을 정하는 데 있어 가장 중요한 기준 3가지는 ① 중량 제한, ② 최장변의 길이 제한, ③ 보상 한도다. 중량에는 부피 무게와 실중량이 있다. 이 중 더 무겁게 측정된 것으로 배송비가 세팅된다. 배송 국가별, 배송 타입별로 다르기 때문에 해당 기준은 공통 파악 사항으로 체크해야 한다.

항공기 탑재 불가 품목 확인하기

역직구는 기본적으로 항공 배송이 주를 이룬다. 해상으로 배송할 경우 DLVY 시간이 너무 길어져 사실상 좋은 배송 서비스를 제공할 수 없기 때문이다. 가장 기본이 되는 항공기는 우리가 여행을 떠날 때의 기준과 마찬가지로 인화성, 위험물로 분류되는 것들에 대한 적재를 제한한다.

- 향수 및 샤워 코오롱 등 알코올이 함유된 인화성 품목
- 헤어 스프레이, 미스트, 헤어 무스 등 에어로졸이 들어간 캔 형태의 스프레이
- 락스, 하수구 세제, 유성 페인트 등 부식성 및 인화성 액체
- 기타 항공사의 기준에 따른 항공 탑재 불가 품목

보다 자세한 기준이 되는 것은 EMS의 안내를 참조하도록 한다. 인터넷 우체국 사이트(https://ems.epost.go.kr)에서 'HOME ⇨ 우체국 EMS ⇨ EMS 서비스 안내 ⇨ 보낼 수 있는 물품, 보낼 수 없는 물품'을 클릭하면 자세한 정보를 얻을 수 있다.

우체국 EMS 서비스

로케팅

국가별 수입 금지 품목을 확인하기

수출하려는 국가별로도 도착국의 세관에서 지정한 수입 금지 품목 또는 수량에 대한 제한이 있는 품목들이 있다. 만약 반입 불가 품목이라면 해당 국가의 역직구 방식 수출은 어려울 수 있으니 반드시 체크해야 한다. 이 또한 인터넷 우체국에서 정보를 활용할 수 있다. 'HOME ⇨ 우체국 EMS ⇨ 국가별 발송 조건 안내 ⇨ 국가별 통관 정보'에 있는 세계 지도를 클릭해서, 국가별로 발송-통관 정보를 확인해보도록 하자.

워싱턴협약(CITES)에 따른 수출입 금지 품목 확인하기

워싱턴협약이란 1973년 3월 워싱턴에서 개최된 국제회의에서 채택된 협약으로 멸종 위기에 처한 야생 동식물 및 생태계를 보호하기 위해 합의하였다. 우리나라는 1993년 7월에 가입되었으며, 다음 워싱턴협약 체크리스트에서 보호되는 동식물이 제품의 원료 및 성분으로 사용된 경우 대부분 국가에서 통관이 불가하다.

예를 들어 기다치 알로에, 케이프 알로에, 부채 선인장, 오키트 추출물, 캐비어 추출물 등이 있으며 자세한 상세리스트는 아래 QR코드를 통해 확인이 가능하다.

워싱턴협약 체크리스트

국가별 발송 주의사항

국가별 세부 주의사항은 도착국의 세관 정책에 따라 수시로 변경된다. 다음은 국내에서 주로 이커머스 수출이 진행되는 주요 국가의 대표적인 주의사항들을 요약한 내용으로 참고하자. 그리고 자세한 정보는 수출 시점에 확인해보는 것이 좋다.

일본(JP)

일본의 경우 B2C 이커머스 통관을 진행하고 있어 일본 현지에서 재판매 목적으로는 발송이 불가하다. 만약 세관에서 통관을 허락하지 않는 경우 현지 폐기 또는 반송 처리되어야 하기 때문에 비용이 발생할 수 있다.

일본의 관세 조건

일본의 경우 구매자의 결제 금액이 1만 6,666엔 이상인 경우 관세가 발생하는데 발송하는 아이템이 관세 발생 대상 품목인 경우에는 1만 6,666엔 미만이어도 관세가 발생한다. 예를 들어 짜임이 있거나 늘어나는 소재의 의류, 천연 가죽 소재의 가방이나 신발 등을 수출할 때에는 관세에 대해 확인할 필요가 있다. 패션 의류의 경우 소재 기입이 필수적인데, 직조(woven), 니트(knitted)에 따라 관세 발생 여부가 달라진다. 만약 세금을 내지 않을 목적으로 소재를 허위로 기재하는 경우 발송이 정지될 수 있다.

로케팅

K-packet, EMS로 전환 발송되는 경우와 위험화물(DG Cargo) 발송

향수, 미스트 등 일반 화물로 항공 탑재가 불가한 알코올 성분 포함 제품에 대해서는 위험화물 발송 라우트를 통해 진행되며, 발송 시 별도의 위험화물 취급 수수료가 발생한다. 또한 오키나와, 홋카이도 및 낙도 지역의 경우 샘플 화장품, 식품, 식물 검역 대상 제품 등에 대해서는 운송 시 문제가 될 수 있어 EMS로 전환 발송되기 때문에 비용을 확인할 필요가 있다.

일본의 이코노미 타입 이용 시 제한사항

일본에는 우편함에 투함하는 방식의 배송 타입이 존재한다. 기존 배송 방식보다 저렴하다는 장점이 있고, 배송 추적도 가능하다. 하지만 수취 증명 및 분실 보상은 불가하다. 제한 사이즈와 무게는 각각 A4 사이즈(31.2cm×22.8cm) 이내, 그리고 두께는 2.5cm 이내이며 1kg 이하의 물건만 투함할 수 있다.

미국(US)

미국의 경우, 미국 본토 외의 미국령 주소지(하와이, 푸에르토리코, 괌, 사이판, 알래스카) 또는 미군 부대(APO)로는 배송 서비스가 제공되지 않는다. 보통은 서명자료 없이 문 앞/우편함 투함 방식으로 진행되며, 배달 완료된 건에 대해서는 행방 조사가 불가하다.

전자상거래 면세 한도

면세 한도 금액은 800달러이며, 면세 한도를 초과한 물품을 발송할 경우 통관 조건이 변경되어 전자상거래 조건이 아닌 일반통관으로 진행된다. 일반통관으로 진행된 경우 세금 및 통관 수수료가 추가로 발생하며 발송인이 부담한다.

싱가포르(SG): GST와 통관 수수료를 함께 확인하자

싱가포르의 경우 SGD 400 초과 시에 통관 수수료(Handling Fee)외 GST(Goods and Service Tax)가 부과된다. 현재(2024년) 기준 9%의 과세율이다. 여기에 더해 판매 사이트별 LVG GST에 대한 정책이 다르고 배송사와 연동되어 있지 않을 수 있기 때문에 중복납부 여부를 확인해야 한다. GST를 포함한 전체 배송비를 사전에 받아두고 시뮬레이션해보도록 하자.

대만(TW): EZ WAY 안내를 제대로 해야 한다

대만의 경우 EZ Way 인증을 통해 통관-배송의 속도를 높일 수 있다. EZ Way는 대만 세관에서 제공하는 앱 서비스로 현지 직구 쇼핑몰이 입력한 정보와 소비자가 입력한 정보의 대조를 통해 간편하게 본인 인증 절차를 완료할 수 있게 해준다.

대만의 소비자는 EZ Way 앱을 설치한 뒤 실명 인증 후 '신고내역 일치' 단계까지 이행되면 현지 통관이 가능하다. 이때 배송사들은 구매자에게 이메일 또는 핸드폰을 통해 출고 통보나 EZ Way 접수 통보 알림을 보낸다.

EZ Way를 통한 본인 인증을 진행하지 않거나 정보가 부정확한 경우에는 통관에 문제가 생길 수 있으며, 타 화물의 통관까지 함께 지연될 수 있으니 유의해야 한다. EZ Way에 대한 자세한 안내 및 설명은 배송사별로 가지고 있는 가이드들을 받아볼 수 있다.

글로벌 풀필먼트를
활용하라

해외 판매를 시작하고 특정 국가에 꾸준히 판매 물량이 나오기 시작한다면 더 효율적인 물류와 고객 서비스를 위해 '현지 풀필먼트 센터'에 대한 니즈가 생길 것이다. 글로벌 현지에 거점을 두는 것은 단순히 창고를 구하는 것이 아니라, 현지에서 빠르게 움직여줄 수 있는 파트너를 구하는 것이기 때문에 신중해야 한다. 그렇다면 글로벌 거점 풀필먼트 이용 시 몇 가지 체크리스트를 살펴보자.

한국에서의 발송보다 확실한 강점을 가지는가?

가장 먼저 고려해야 할 것은 과연 한국에서 발송하는 것보다 확실한 강점을 가지는지 여부다. 먼저 대량의 물량을 해외의 거점으로 옮기는 작업에는 포워딩 비용이 발생한다. 또한 제2의 해외 창고에서 재고에 대한 보관-관리 비용이 발생하게 된다. 재고가 분산되면 부족분에 대한 재입고 처리 등 하나의 센터에서 운용할 때보다 많은 관리 포인트가 발생한다. 그렇다면 우리가 기대할 수 있는 해외 거점의 메리트는 무엇이 있을까?

첫째, 현지의 더 많은 판매 채널과 연결될 수 있다

현지 사람들이 이용하는 마켓은 반드시 글로벌한 거대 이커머스 쇼핑몰만 있는 것이 아니다. 로컬하게 이용되는 다양한 오픈마켓들과 연동되어 마켓을 확장할 수 있다. 특히 현지의 자사몰을 구축하는 것은 계속해서 고객들과의 CRM을 할 수 있다는 점에서 중장기적으로 해당 국가에 대한 모멘텀을 이끌어 갈 수 있는 강력한 무기가 되는데, 이 경우 현지 서비스와의 API 연동 가능 여부는 매우 중요하다.

둘째, 물류 서비스의 영역을 확대할 수 있다

앞서 말했던 확장된 현지 자사몰, 외부 몰과의 주문을 현지의 B2C 배송으로 처리하는 것뿐만 아니라, 역직구 방식에서는 불가하던 '반품 처리' 업무를 수행할 수 있다. 또한 현지 창고에서의 제품 입고, 출고, 재고 관리 서비스 등 풀필먼트를 운용할 수 있어 주문의 처리 속도가 빨라진다. 또한 문제가 발생했을 때 현지의 직원들이 사고 대응과 CS를 처리하게 되는 것도 광의적으로 서비스의 영역 확대라고 볼 수 있다.

셋째, 다양한 현지 물류 네트워크와 더 강하게 연결된다

우리나라의 풀필먼트 서비스를 생각해보면, 풀필먼트 서비스 업체들은 대부분 다양한 물류사들과 네트워크를 통한 서비스를 제공하고 있다. 가령 대한통운, 우체국, 한진, 롯데택배와 같은 배송사들뿐 아니라, 딜리레빗, 브이투브이와 같은 당일배송 서비스 제공 물류사들과도 협업을 통해 강력한 물류 서비스를 제공한다.

마찬가지로 현지에서는 더욱 로컬화된 배송 서비스를 연결할 수 있다. 예를 들어 우리나라와 마찬가지로 대만 또한 세븐일레븐 등 편의점 택배 서비스가 활발히 진행된다. 이렇듯 현지 고객들이 편리함을 느낄 수 있는 여러 물류 서비스를 제공할 수 있다는 장점이 있다.

넷째, 인근 국가로의 역직구 허브가 된다

글로벌 기업들이 주로 아시아 지역의 본사를 홍콩, 싱가포르, 일본을 고려하듯이 물류도 마찬가지다. 인근 지역의 핵심 허브로서의 역할을 수행할 수 있는 물류 거점이 될 수 있다. 미국, 중국, 일본처럼 큰 시장을 갖춘 현지 허브와는 별개로 동남아시아 지역 전반의 서비스 제공을 위해 싱가포르, 대만, 말레이시아 등 하나의 허브가 고려되기도 한다. 특히 유럽 진출에 대한 니즈가 있다면 허브 센터가 위치한 국가에서 다른 EU 국가로의 배송에 문제가 없는지 체크해볼 필요가 있다.

이러한 장점을 염두에 두고, 현지 운용에 따른 비용과 관리 포인트가 증대하는 것을 비교해보며 진출 시기를 조율해보는 것도 중요하다.

어떤 기준으로 파트너를 구해야 할까?

그렇다면 한국에 본사를 둔 기업이라면 어떤 기준으로 파트너를 찾을 수 있을까? 일단 앞서 나열한 모든 장점을 확실히 누릴 수 있는 파트너를 찾는 것이 중요하다. 다시 한번 정리해보자.

- OMS-WMS 현지 API 네트워크와 기술력이 있는가?
- 현지의 배송을 추적할 수 있는가(TMS)?
- 반품, CS, 재입고 등 현지 물류 서비스가 가능한가?
- 현지의 물류 네트워크가 강력한가(여러 부가서비스)?
- 배송에 대한 오출고율이나 배송시간 등 서비스의 퀄리티는?
- (가장 중요) 현지 그리고 한국 내의 서포트 대응이 가능한가?

그리고 가장 중요한 것은 현지와 또 한국 내에서의 서포트가 가능한지이다. 먼저 제공하는 물류 서비스 플랫폼들이 현지어와 한국어를 동시 지원하는지도 중요하다. 때에 따라 현지의 직원들을 채용해야 할 일이 생기기도 하는데, 이때 함께 공유되는 물류 플랫폼이 한국어로만 지원된다면 현지의 인력을 고용해 누릴 수 있는 강점이 반감된다. 또한 주요한 의사결정을 한국에서 내리기 때문에 한국 내에서의 연동, 교육, 운영 서포트를 해줄 수 있는 인프라를 갖춘 물류회사인지도 중요하다. 또한 검토 중인 현지뿐 아니라, 다른 로컬에도 확장성을 가지고 있는 물류사라면 더할 나위 없이 좋다.

팬아시아 커머스의 대동맥, 그리고 북미/유럽까지 진출할 K커머스

글로벌 크로스보더 커머스를 지원하는 물류사인 큐익스프레스는 한국, 일본, 싱가포르, 중국, 대만, 홍콩, 태국, 인도네시아, 베트남, 필리핀, 말레이시아, 인도 등 팬아시아 지역의 이커머스 허브센터를 직접 운영하고 있다. 그리고 관련 수출입에 기업형 포워딩 전문 계열사인 KCI와 함께 셀러들의 크로스보더 커머스를 돕고 있다.

특히 큐텐의 글로벌 마켓과 파트너 오픈마켓의 연동으로 빠른 판매를 통한 물류 순환을 진행 중이다. 최근에는 독일, 네덜란드, 벨기에, 미국 등 북미/유럽 지역으로의 진출을 위해 위시로컬 인수와 함께 커머스 허브가 될 물류센터에 진출해 사업 발판을 다지고 있다.

입고가 까다로운
물류사가 좋은 이유

여러 물류사와 미팅을 진행하다 보면 공통적으로 자신들의 서비스를 '풀필먼트'라고 소개한다. 하지만 자세히 살펴보면 풀필먼트가 모두 같은 서비스는 아니다. 어떤 물류 서비스를 기반으로 서비스를 제공하는지에 따라 그 방향성이 모두 다르다. 먼저, 풀필먼트를 구분해보자.

택배 배송사에서 출발한 풀필먼트

CJ대한통운, 한진 등 국내 대형 택배사에서 파생된 풀필먼트 서비스는 기본적으로 국내 택배 배송 서비스 측면에서 강점을 가진다. 자사 택배망을 쥐고 있기 때문에 출고시간(cut-off)에서 보다 유동적인 대응이 가능하다는 점이 있다. CJ대한통운의 경우, 네이버와의 전략적 제휴를 통해 '도착보장'이라는 서비스를 제공한다. 그리고 네이버는 도착보장이 붙은 CJ대한통운의 고객에게 쇼핑 트래픽을 몰아주는 전략으로 함께 성장하고 있다. 하지만 배송사의 협업 측면에서 이 점은 양날의 검이 될 수 있다. 기본적으로 풀필먼트는 고객이 지향하는 모든 택배사와 협업하고 있는데, 이런 점에서는 외려 독점적인 택배사가 있다는 것이 협상을 어렵게 만들기도 한다.

3PL 베이스에서 출발한 풀필먼트

이는 전통적인 물류사들의 인프라에서 출발한 풀필먼트를 말한다. 기본적으로 국내에 여러 창고를 소유하고 있고, 보관 규모와 같은 인프라 스펙부터 풀필먼트의 설비 투자까지 아끼지 않는다. 무엇보다 두드러지는 특징은 '가격이 합리적이며, 서비스 정신이 강하다'는 것이다. 3PL의 특성상 고객의 다양한 니즈에 최대한 맞춰 업무를 진행하기 때문에 No를 외치는 작업이 비교적 없다. 또한 이미 투자된 인프라가 있어 보관의 규모가 크기 때문에 지속적으로 사업을 확장해 나가는 고객의 왕성한 니즈에 유연하게 대처가 가능하다. 국내에 대표적인 업체로는 한솔로지스틱스와 한익스프레스 등이 있다.

4PL IT 시스템(WMS)을 기반으로 한 풀필먼트

네이버의 NFA 소속 로지테크 기업들, 그리고 큐익스프레스 등이 이에 속한다 3PL의 DNA를 기반으로 부족한 인프라를 IT를 통해 캐파(capa)를 늘리는 것에 집중하는 기업들이다. 이런 기업들은 특히 '온라인 커머스'를 하고 있는 고객들에게 최적화된 서비스를 제공한다. 특히 여러 오픈마켓과의 주문연동기능(OMS)과 창고를 관리하고(WMS), 배송을 관리하는 기능(TMS)을 통해 고객 편의성을 하나의 웹서비스로 제공하는 것이 특징이다.

다만, 인프라 측면에서는 앞선 대기업 중심의 3PL 업체들보다는 작을 수 있으나, 스마트 장비들을 적극적으로 도입하고 영업과 시스템이 필요한 중소 3PL 창고들과 '파트너십'을 맺으면서 부족한 인프라를 확장하는 것이 특징이다. 아직은 비즈니스 규모가 크지 않은 고객들도 이용할 수 있다는 장점이 있으나, 스타트업의 특성상 갑자기 서비스가 중지되는 회사들도 있어 주의가 필요하다.

커머스 기반의 풀필먼트

쿠팡 로켓그로스, 아마존 FBA, 큐익스프레스 프라임 등의 서비스를 살펴보면, '제품의 보관-관리-배송'까지 진행한다는 측면에서는 다른 풀필먼트 서비스와 유사하다. 하지만 이 서비스의 지향점이 자사 플랫폼에서의 판매 촉진을 위한 물류 서비스로 최적화되어 있다는 점에서 조금 다르다. 이 같은 커머스 기반의 풀필먼트는 고객의 모든 물류를 대행하지 않는다. 이를 테면 전체 SKU를 보관하는 것은 아니라는 뜻이다. 전체 제품 라인업 중에서 오픈마켓에 판매할 제품의 SKU만 입고하고 판매된다.

일반적으로 오픈마켓 기준에서의 여러 조건이 입고 과정에서 제약이 있을 수 있다. 따라서 자사몰을 구성할 수 있을 정도로 SKU 수가 많아진 고객이라면 앞서 언급한 풀필먼트사들과 먼저 계약을 한 뒤에 해당 풀필먼트 센터에서 커머스 풀필먼트를 연계하여 이용하는 것이 좋다.

큐익스프레스의 경우에는 다만 그룹 내 오픈마켓 외에 다른 플랫폼의 주문도 처리하고 있어 전체 물류를 보관하는 4PL 방식의 풀필먼트 서비스도 앞서 언급한 바와 같이 서비스를 제공하고 있다.

나를 까다롭게 하는 물류사가 일을 잘하는 것

풀필먼트 서비스를 상담하다 보면 고객들은 약간의 환상이 있다. 풀필먼트를 제공하는 회사에서 모든 것을 자신에게 맞춰서 잘해줄 것이라 생각하는 것이다. 일부는 맞는 말이다. 아무래도 더 물류에 전문가들이 효율적인 운영을 위해 많은 것을 연구하고 시도하는 서비스이기 때문에 자체 물류보다는 효율적인 측면에서 더욱 많은 장점이 존재할 수 있다. 다만, 좋은 풀필먼트 서비스를 제공하는 회사일수록 입고하는 고객이 지켜줘야 할 것들이 많다.

기준 정보가 되는 수량과 체적에 대해 정확하게 기재해야 하며, 물성에 대한 파악을 담당자들이 빠르게 할 수 있도록 해야 한다. 그리고 위험 성분의 여부와 유통기한에 대한 표기, 입고하는 아웃박스의 방식부터 화물차의 입고 시간 또한 타이트하게 운영될 수 있다. 이를테면 입고하기로 한 날짜와 시간에 정확히 들어오지 못한 화물차나 또는 입고 예정 수량을 오버하거나 혼적된 화물에 대해서는 반송 처리될 수 있다는 것이다.

고객은 이때 너무하다는 생각을 할 수 있다. 이 정도의 일은 자체적으로 물류를 운영하거나, 자신만의 물량으로도 메인이 될 수 있는 3PL 물류사들에게는 양해가 되는 일이었다는 것이다. 하지만 다르다. 최적의 효율을 만들기 위해 센터의 기준은 엄격해질 수밖에 없다. 그리고 그 혜택은 다시 고객에게 돌아간다. 더 물건이 빠르고 정확하게 관리된다는 것이다.

우리가 구내식당에서 밥을 먹는 것을 생각해보자. 빠른 시간 안에 많은 임직원의 식사를 배급하고 돌아가야 하는데, 중간에 계속 새치기를 하는 사람들이 생기고 이를 받아주기 시작하면 어떻게 될까? 또 정해진 식판이 아닌 별도의 도시락통을 가져와 담는 과정에서 여러 지연이 생긴다면 어떨까?

편의를 봐주는 곳일수록 오히려 시간이 늘어지고 질서가 무너지게 되는 것이다. 만약 검토 중인 풀필먼트 제공사의 입고 기준이 허술하다면 오히려 경계하는 게 좋다고 생각한다. 이는 곧 두서없는 운영을 반증하는 것이고, 이에 따른 업무 과부하는 나의 물류 오류로 돌아온다.

09

해외에서 반송을
진행하는 방법

고객 서비스(CS)의 핵심 반송

이커머스에서 반송은 고객과의 관계를 유지하고, 신뢰를 구축하며, 재구매율을 높이는 중요한 요소로 작용한다. 고객이 제품에 문제를 겪거나 기대에 부응하지 않을 경우, 반송 정책을 통해 고객을 만족시킬 수 있다. 또한, 반송을 원할 때 편리하고 빠르게 처리하면 고객이 브랜드를 신뢰하고 재구매할 가능성이 커진다. 이는 고객 리텐션과 브랜드 이미지 향상에 기여한다. 따라서 좋은 반송 정책은 이커머스 업체에게 매우 중요한 전략적 요소로 작용한다.

반송의 어려움

하지만 해외 수출 제품의 반송이 쉬운 것은 아니다. 먼저 국제 운송비용과 재수입 관세가 발생하는 것은 물론, 수출과 마찬가지로 반품 수입 또한 국제 운송 절차와 통관이 훨씬 복잡하다. 또한 해외로 수출되었다가 돌아오는 동안에 여러 제품의 변질이 발생할 수도 있고, 수입을 할 때 그 과정에서 문제가 발생하면 해결하기가 쉽지 않다.

해외 배송 프로세스

다만 반송이 고객의 부재 또는 관세 미납 등의 이유라면 현지에서 재발송을 통해 해결될 수 있다. 하지만 고객의 서비스 불만족에 따른 반품이라면 여러 가지 선택 옵션이 생긴다.

1. 현지 창고에서 재입고
2. 현지에서 제품 파기
3. 다시 국내로 발송

1번의 경우 현지에서 풀필먼트 창고를 이용하는 고객에 해당되며, 재입고와 검수 과정을 거쳐 다시 양품화 작업을 진행할 수 있다. 하지만 현지 거점이 없거나, 제품의 물성이 재양품화될 수 없는 경우, 그리고 국내의 반송비가 손익상 마이너스가 나는 경우에는 현지에서 파기를 요청할 수도 있다. 현지 파기 진행 시 파기 확인 서류와 사진 등을 요청하여 받을 수 있다. 이 부분 또한 중요한데, 혹시

모를 상황으로 인해 파기 처분했던 제품들이 음지에서 유통될 수 있기 때문에 꼼꼼하게 챙겨야 한다.

국내로의 반송을 진행해야 한다면

국내로의 반송을 위한다면 이용했던 물류사의 패킹 정보, 송장번호 등을 통해 매칭하여 반송 요청을 진행할 수 있다. 일반적으로 반송 또한 배송 신청을 하는 과정과 유사하다. 다만 반송 요청을 위해 '기존 송장번호' 또는 '패킹 번호', '반송 바코드 번호' '반송 관련 내용' 등을 양식에 따라 맞춰서 제출하게 된다.

주의할 점은 현지 고객이 현지의 집하지로의 착불 반송을 사전연락 없이 진행할 경우 수취가 거부될 수 있다. 폐기, 재배송 등의 의사결정에 있어서도 일반적으로 90일 이상의 보관기한을 넘기면 폐기될 수 있으며, 수입 시 화물의 확인을 위해 관세사 측에서 연락이 갈 수도 있다.

번거로운 수입 절차 IOR로 해결하라

아마존 FBA(Fulfillment by Amazon)

전 세계에서 가장 큰 오픈마켓인 '아마존'은 Fulfillment by Amazon (FBA) 서비스를 제공한다. 이는 판매자의 제품을 아마존의 풀필먼트 창고에 보관하고 '판매-출고-배송'하는 등 모든 작업을 아마존이 대신 처리함으로써 판매자는 자신의 제품을 아마존을 통해 더 쉽게 관리하고 빠르게 성장시킬 수 있다.

아마존 FBA의 주요 기능을 요약하면 다음과 같다.

- 창고 보관 및 관리
- 주문 처리와 운송
- 고객 서비스(CS)

• 판매 지원

아마존이 제공하는 풀필먼트를 이용하는 것은 아마존 내에서 다른 제품들과의 경쟁에서 물류-배송에 대한 확실한 이점을 가질 수 있다. 이 때문에 많은 판매자가 FBA 서비스를 이용하기를 희망하며, 또 아마존은 진출한 모든 마켓에서 FBA를 제공하고 있다.

아마존 FBA는 수입자가 될 수 없다

모든 국가는 물품이 들어올 때 해당 물품과 관련된 관세 및 세금을 지불하고, 법적인 문제가 발생했을 때 해결의 주체가 되는 '수입자'를 지정하게 되어 있다. 일반적으로 오픈마켓에서는 구매자가 수입자가 되어, 개인통관 방식으로 물품이 수입되기 때문에 별도의 수입자로서의 법인이 필요하지 않다.

하지만 아마존 FBA의 경우 아마존 물류센터가 '수입자'가 될 수 없고, 아직 구매가 일어나기 전이어서 구매자가 특정되지 않았기 때문에 판매자는 별도의 수입자를 지정하여 수입 후 FBA 입고를 진행해야 한다. 이때 직접 현지에 법인을 세우는 것이 아닌, 수입을 대행해주는 서비스를 이용할 수 있다.

번거로운 수입 절차, IOR로 해결할 수 있다

IOR은 Importer of Record의 약자로 '수입 업체'를 의미한다. 수입국의 관세 및 세금을 지불하고 수입 규정을 준수하는 공식적인 역할을 하는 대행사를 말한다. 수입 절차는 해외 판매자에게 꽤 어려운 과정들이 존재하는데, 서류의 작성 및 제출 절차가 복잡하고 이 과정에서 정보 등이 부정확하면 통관 지연이 발생할 수 있다. 또한 각 나라마다 수입 규정이 다르기 때문에 규정이 변경되었을 때 대응하기가 어렵다. 관부가세, 운송료, 보험료 등의 복잡한 비용체계를 비교 관리하는 것도 쉽지 않으며 이 과정에서 여러 추가적인 비용 또는 벌금이 발생할 수 있다.

다시 말해, 수입과 관련된 전문 지식이 부족하면 절차 진행에 여러 어려움이 발생할 수 있으며 수입 절차에 익숙하지 않다면 전문가의 도움을 받는 것이 가장 효과적이다. IOR은 이처럼 수입에 대한 전문성을 가지고 '서류 작성과 제출 대행, 수입과 관련된 비용의 대납' 그리고 현지에서 발생하는 여러 통관, 운송에 대한 커뮤니케이션을 제공함으로써 손쉽게 수입 절차를 진행할 수 있게 돕는다.

모든 물류 대행 서비스의 핵심은 하나다. 판매자는 판매에 집중할 수 있게 하는 것이다. 만약 FBA를 포함해 현지에 정식 수입 절차가 필요하다면, IOR 서비스를 통해 진행해보자. 안전하고 정확하게 절차를 진행할 수 있으며, 또한 해외 법인 설립 및 운영비용을 절감할 수 있다. 비용은 통상 회차별 최소 금액이 있으며, 인보이스

밸류의 1~3% 수준이다.

　IOR은 FBA 외에도 다양한 방식의 수출입 절차에 널리 활용된다. 전문성 있는 IOR 서비스를 제공하는 물류사와 함께 수입 절차의 번거로움은 줄이고 판매 채널은 늘려볼 수 있도록 하자.

PART **5**

궤도 진입

크로스보더 커머스 운영 전략

영세율, 부가세 환급! 수출하면 이런 단어를 들어보았을 것이다.

국내에서 유통되는 모든 제품에는 매입할 때 '부가세'라는 것을 납부하게 되어 있다.

해외에서 물건을 수입할 때도 '관세'와 '부가세'를 납부하게 되는데 관세는 상품에 따라 8~35%까지 책정되고, 부가세는 상품 가격의 10%로 책정된다.

하지만 해외로 판매하는 수출업자는 이런 부가세를 납부할 필요가 없는 영세율을 적용받는다는 것이다. 그렇기 때문에 매입할 때 납부하였던 부가세를 환급받게 되는데, 이것이 바로 '수출의 꽃', 영세율 적용! 부가세 환급이다.

'영세율'을 누리는
글로벌 셀러(국세청)

　국내에서 제품을 거래했다면 '부가세'라는 것을 납부하게 된다. 사업자들은 분기별로 매입과 매출 거래에 대한 부가세 신고를 하는 것인데, 이와 마찬가지로 해외에서 물건을 수입할 때도 '관세'와 '부가세'를 납부하게 된다.

부가세 계산 방식

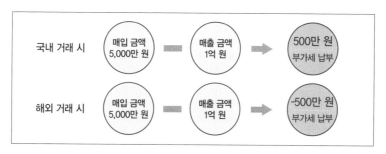

일반적으로 부가세는 상품 가격의 10% 정도로 책정된다. 그래서 세금계산서를 보면 부가세 10% 별도로 표기되어 있는 것을 확인할 수 있다.

이것은 원래 소비자가 납부하는 것으로 제품을 구매할 때 판매자에게 납부하면 판매자가 한 번에 국세청에 신고 후 납부한다. 그런데 해외로 판매할 때는 구매자가 부가세를 납부하지 않기 때문에 판매자가 국세청으로 부가세를 신고할 금액이 없다.

따라서 한국에서 물건을 5,000만 원어치 구매했다면 이에 대한 부가세 10%인 500만 원을 환급받게 된다. 이 지점에서 바로 한국 제품을 해외로 판매하는 글로벌 셀러가 누릴 수 있는 특권 '영세율, 부가세 환급'이 가능해지는 것이다. 영세율을 적용받는 방법은 다음과 같이 정리할 수 있다.

글로벌 셀러 사업자등록하기

해외 온라인 이커머스에 판매하기 위해서는 사업자등록이 필수적이다. 한국의 스마트스토어처럼 해외에도 개인 판매자가 판매 가능한 마켓들도 있지만, 현재 라자다나 쇼피의 경우 한국에 사업자등록이 되어 있는 판매자만 입점이 가능하다.

만약 사업자등록이 되지 않았다면 예전에는 관할세무소에서 직접 신청해야 했지만, 지금은 인터넷으로 '국세청 홈텍스(https://

hometax.go.kr/)'에서 사업자등록을 진행할 수 있다.

준비할 사항은 사업장을 임대했을 경우 임대차 계약서를 업로드할 수 있도록 파일로 준비해두고, 상호명도 정해두는 게 좋다.

이때 업종코드는 해외로 물건을 고객에게 직배송하는 아마존, 쇼피, 이베이, 라자다, 큐텐 등의 이커머스 판매 건이기 때문에 한국의 온라인 판매와 마찬가지로 업태는 '도소매업', 업종은 '전자상거래'로 신고하면 된다. 한국의 스마트스토어, 쿠팡에 판매하는 셀러들과도 같은 업종코드다. 추후에 직접 수출을 진행하게 된다면 무역업코드도 업종을 추가해 진행하면 된다.

도소매업/전자상거래(업종코드 525101), 무역업/도소매(업종코드 519111)

전자상거래 판매를 위한 통신판매업 신고는 세무서가 아닌 구청에서 진행하게 되는데 해외 온라인으로 판매할 때는 통신판매업 신고는 의무가 아니다. 또한 부가세는 일반적으로 간이과세자가 적게 내지만, 해외로 판매하는 글로벌 셀러의 부가세 환급은 일반과세자만 받을 수 있다.

처음 사업자를 내고 시작하는 1인 셀러나 한국 온라인 판매와 함께 시작하는 업체라면 간이과세자를 추천한다. 한국에서 생산한 제품을 해외로만 판매하려고 한다면 부가세 환급을 위해 일반과세자가 되는 것이 좋다.

글로벌 영세율 증빙서류

세금을 환급받기 위해서는 해외로 상품을 수출해 영세율을 적용받았다는 증빙서류가 필요하다. 각 마켓 판매내역과 해외로 제품이 출고되었다는 물류사의 출고 영수증인 '소포 수령증', 그리고 신용카드 및 세금계산서 등의 매입 자료를 준비하면 된다.

부가세 신고자료 준비 목록(해외 판매사업자)

연번	기간	내역
1	매출 자료 (분기별)	사이트별 온라인 매출내역 ex) 수수료 영수서, 판매내역 리스트
2	매입 자료 (분기별)	카드 사용 내역 및 현금영수증 매입내역(엑셀 파일 필수) 매입 세금계산서
3	배송 자료 (분기별)	해외 배송업체의 물류 영수증 (주문자 및 배송지 포함된 리스트 내역, 소포 수령증 등)

＊신고 이후 환급 과정 중 세무서에서 이 외의 추가 서류를 요청하는 경우가 발생할 수 있습니다.

- 매출 자료: 해외 오픈마켓 판매 진행 내역
- 매입 자료: 신용카드 및 세금계산서

로케팅

- 배송 자료: 해외 배송업체의 물류 영수증

자료의 추출 방법은 다음 순서를 참고하여 진행해볼 수 있다.

첫 번째 자료 조회: 매출 자료

매출 자료는 해외 오픈마켓의 판매 진행 내역을 사이트별로 정산할 수 있는데, 일반적으로 각 마켓의 관리자페이지 정산 관리(Finace) 메뉴에서 받을 수 있다.

큐텐의 경우 정산 관리의 판매 진행 내역에서 기간별 판매내역을 확인할 수 있다. 쇼피의 부가세 환급 매출 자료는 Finance에서 My Income을 클릭한 뒤 명세서를 받으면 된다.

라자다의 경우 국가별 셀러센터로 이동 후 쇼피와 동일하게 Finance에서 'My Income ⇨ Income Statement' 메뉴에서 기간별로 설정하여 다운로드하면 매출 증빙자료를 활용할 수 있다.

두 번째 자료 조회: 매입 자료

세금계산서 및 신용카드, 현금영수증 매입내역을 받는 것은 국세청 홈텍스에 로그인해 간편하게 매입내역을 확인할 수 있는데, 다음과 같이 진행할 수 있다.

세금계산서 매입내역 조회

→ 전자(세금)계산서 월/분기별 목록 조회(출처: 국세청홈택스)

현금영수증 매입내역 조회

→ 현금영수증 매입내역(지출증빙) 누계 조회(출처: 국세청홈택스)

신용카드 매입내역 조회

➔ 사업용 신용카드 매입내역 누계 조회(출처: 국세청홈택스)

신용카드로 결제했을 때는 따로 매입 증빙서류를 발급받지 않아
도 되지만, 홈택스에서 사업용 신용카드를 등록해놓고 매입 자료로
등록할 수 있다. 1인 사업자라면 사업용 신용카드를 통해 매입할 때
사용한다면 편리하게 매입 자료를 정리할 수 있다.

세 번째 자료 조회: 배송 자료

물류사의 영수증은 각 플랫폼의 공식 배송사를 이용했다면 해당
물류사에 요청하면 된다. 쇼피의 경우 두라로지스틱스에서 맡고 있
으며, 라자다는 판토스에서 진행하고 있다. 큐텐의 경우 큐익스프레

스를 통해 세금계산서와 물류 영수증을 QSM에서 발행받을 수 있다. 물류사에 발급 신청을 할 때는 발급받고자 하는 기간과 업체명 등을 확인해 물류업체로 신청하면 된다. 그리고 타 배송사를 이용할 경우 해당 배송사에 요청하면 된다.

'수출신고'는
꼭 해야 할까?

    글로벌 셀링을 하다 보면 가장 중요한 업무 중 하나가 '수출신고'다. 사전에 수출신고를 신청하지 않은 화물은 기본적으로 특송사에서 간소하게 신고하는 '목록신고'로 처리되지만, 수출 실적을 인정받고 수출기업에 대한 여러 혜택을 받기 위해서는 수출신고가 필요하다. 수출신고를 통해 기업은 부가세 영세율을 적용받거나 관세를 환급받는다. 무역 금융 지원 및 물건이 하자나 반품 등의 이유로 재수입할 때 수입관세와 수입 요건이 면제될 수 있다.

    수출하고자 하는 물품을 세관에 신고하는 방법은 다음과 같이 3가지로 구성된다(표 참조).

수출신고의 유형

구분	일반수출신고	간이수출신고	목록통관
적용 절차	정식통관 절차		목록통관 절차
신고인	관세사 등 / 전자상거래 업체	관세사 등 / 전자상거래 업체	특송업체 / 우정사업본부
신고 기준	제한 없음	전자상거래 물품 (FOB 200만 원 이하)	탁송품, 우편물 등 (FOB 200만 원 이하)
신고항목 수	57개	27개	17개
적재이행의무	○	○	×
수출신고필증	○	○	×
수출 실적 인정	○	○	△
관세 환급	○	○	×
부가세 영세율	○	○	영세율 첨부서류 제출 시 인정(소포 수령증, 외화 획 득명세서 등)
재수입 면세	○	○	×

1) 일반수출신고

2) 목록신고

3) 전자상거래 간이수출신고

로케팅

이 중 글로벌 셀링을 진행할 때 가장 적합한 것은 '전자상거래 간이수출신고'다. 일반 수출신고와 동일하게 수출 실적을 인정받을 수 있다. 제조업체의 경우 해외에서 제품의 원료를 수입 후 한국에서 가공한 뒤 판매한다면 수입 시 납부한 관세를 환급받을 수도 있다. 그럼 다음 순서에 맞춰 전자상거래 간이수출신고 절차를 살펴보자.

전자상거래 간이수출신고 준비 절차

① (유니패스 회원가입 전) 통관고유부호 신청(※사업자용 공동인증서 필요) ⇨ ② 유니패스 회원가입 및 공동인증서 등록 ⇨ ③ 신고인부호 신청 ⇨ ④ 전자상거래 수출신고

① (유니패스 회원가입 전) 통관고유부호 신청

수출신고를 위한 통관고유부호는 개인 통관고유부호와는 다르게 사업자 통관고유부호를 신청해야 한다. 사업자 통관고유부호 신청을 위해서는 사업자 공인인증서가 필요하다. 사업자등록증을 지참하여 은행에서 사업자용 통장을 발급한 후 사업자용 공인인증서를 발급받으면 된다. 발급받은 사업자용 공인인증서를 PC에 다운로드하고 관세청 유니패스 사이트에 접속해 '사업자 통관고유부호를 신청'한다.

유니패스
통관고유부호 신청

통관고유부호는 관세청 유니패스에 접속한 뒤 [통관고유부호 조회/신청] 버튼을 누르고 사업자등록번호로 조회한 뒤 신청할 수 있다.

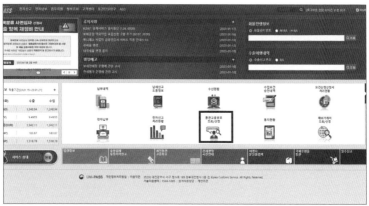

→ 출처: 관세청 유니패스

② 유니패스 회원가입 및 공동인증서 등록

유니패스에서 '사업자등록'을 선택한 뒤 업체 및 대표자를 선택하면 회원가입을 진행할 수 있다.

업체 정보와 사용자 정보를 정확하게 입력한 후 조회 및 부호서비스를 신청하면 '업체화주직접신고' '무역업체'를 신청할 수 있는데 왼쪽의 서비스 종류에는 '수출입통관' '관세환급'을 체크한다.

→ 출처: 관세청 유니패스

　　이후 오른쪽 화면에서 서비스 종류 '정보 조회' '증명서 발급'을
체크한다. 회원가입 후 승인 및 신고인부호 발급까지는 2~5일 정도
가 소요된다.

③ 신고인부호 확인 및 신청 〈수출신고 25〉

　　만약 회원가입 단계에서 신고인부호나 통관부호가 신청되지 않
았다면 관세청 홈페이지 내에서 별도의 부호 및 서비스 신청을 통
해 발급받을 수 있다.

④ 전자상거래 수출신고하는 방법

　　유니패스 사이트에서 [전자신고 ⇨ 수출통관 ⇨ 수출신고서 작
성] 순으로 선택한 뒤 수출 종류를 '전자상거래 간이수출신고'로 선
택하면 27개 항목으로 변환된다. 이때 내용을 모두 입력한 뒤 신고

를 진행하면 된다. 입력을 완료하면 [수출신고필증]을 발행하며 이
것을 운송업체에 전달하면 제품이 한국 집하지에서 출고될 때 수출
신고가 진행된다.

유트레이드 허브로 간편하게 신고하기

수출신고를 더욱 간편하게 할 수 있는 방법으로
는 유트레이드허브(UTRADEHUB)가 있다. 유트레이
드허브는 각 쇼핑몰의 API를 연동해 보다 간편하
게 수출신고를 하는 방법이다. QR코드를 통해 사

유트레이드허브

이트에서 로그인한 뒤 이용 가이드를 다운로드받아서 살펴보면 상
세한 사용 방법을 안내한다.

연계 가능 플랫폼

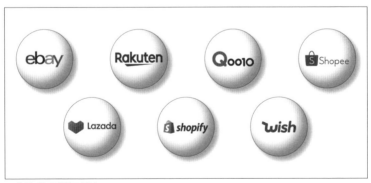

➜ 출처: 유트레이드허브

유트레이드허브의 상단 메뉴에서 [기본 정보 ⇨ 연계 쇼핑몰 ⇨ 쇼핑몰 계정 관리]를 선택하면 쇼피, 라자다, 큐텐, 라쿠텐, 위시, 이베이 등 각 국가별 쇼핑몰에 주문번호를 입력하고 불러올 수 있다.

무역전자상거래 무역플랫폼(https://cbt.utradehub.or.kr/)에서 직접 가입하는 경우 '서비스 선택' 단계가 생략된다.

- 수출실적명세, 관세 환급: 수출 현황 분석, 부가세 영세율 혜택을 위한 수출 실적 명세 출력 가능 / HS부호, 간이정액환급률표 및 관세청통계부호 조회 가능
- 쇼피 SLS 서비스: 전자상거래 쇼핑몰 '쇼피'의 물류 운영사가 주문정보와 함께 제공한 핸드오버 메니페스트를 업로드하여 수출이행을 위한 목록통관 신고용, 적하 신고용 자료를 양식에 맞게 다운로드
- 수출목록변환시스템: 특송사가 판매, 배송 내역 기반으로 수출신고는 관세사에 의뢰하여 대행 신고한 후 적재이행 자료를 관세청으로 전송

브랜드사나 유통업체의 경우 관세사를 통해 신고를 진행하며 1인 리셀러의 경우에는 꼭 필요하지 않다면 진행하지 않아도 된다. 다만 수출 예정품이 200만 원 이상인 경우에는 수출신고는 필수로 진행

해야 한다.

최근에는 운송사에서도 사업자 수출신고를 자동으로 처리하는 '수출목록변환신고시스템'을 시범운영하고 있다. 이는 운송사에 수출자의 통관고유부호(유니패스에서 발급)만 등록해두면 수출 시 해당 사업자에 수출신고가 되고 수출 실적이 확인되는 시스템이다.

유니패스를 활용한 전자상거래 간이수출신고 방법

① 엑셀 업로드를 통한 신고

유니패스 메인화면(업무지원-전자상거래신고)에서 엑셀로 된 양식을 다운받아 신고 항목을 작성한 후 업로드하면 여러 건 신고가 가능하다.

② 웹에서 전자신고 하기

유니패스 메인화면(전자신고-신고서 작성-수출통관-수출신고서)에서 신고구분을 [E]전자상거래 간이 수출신고로 선택하여 한 건씩 신고 가능하다.

현재는 큐텐의 물류사인 큐익스프레스만 이와 같은 수출목록변환신고시스템을 시범운영하고 있지만, 추후에는 이와 같은 운송사 수출목록변환시스템이 확대될 것으로 예상된다.

수출신고 서비스 신청과 주의할 점

수출신고 서비스를 신청하는 기업들이 자주 묻는 질문과 답변을 살펴보면 다음과 같다.

수출신고 등록 전 발송화물도 수출신고 적용 가능할까요?

정식 수출신고 등록 전에 발송된 화물에 대해서는 이미 목록통관 신고가 되어 있기 때문에 소급 적용은 불가하며, 등록 이후의 발송 화물부터 수출신고가 적용된다.

수출신고 진행하다 해지하면 어떻게 되나요?

해지 이후에 발송되는 화물은 다시 목록 신고 방식으로 진행된다.

직접 수출신고를 해서 수출신고필증을 미리 발급받았다면 어떻게 해야 하나요?

물류사의 통관지원 부서에 빠르게 수출신고 정보를 공유해야 화물 출고 시 선적 정보를 넣어 이행신고를 처리할 수 있다. 이 경우에도 별도의 대행 비용은 발생한다. 만약 수출신고 후 기한 내에 이행신고를 하지 못했다면 실제 화물이 배송 완료되어도 선적 완료 처리가 되지 않을 수 있다. 그러므로 세관에서 선적이 안 됐다는 연락을 받았다면 빠르게 수출신고 정보를 공유해야 한다.

이행신고란 무엇인가요?

이행신고는 운송사에서 수출신고된 물품의 해외 발송 여부를 신고하는 절차다. 이는 수출신고 건이 외국을 오가는 선박 또는 항공기에 적재되어 있음을 확인하는 것이다. 수출신고는 해외로 물품을 발송하기 전에만 가능하다. 이행 신청은 30일 이내에 신청하면 되고 최대 1년까지 연장이 가능하지만, 미이행 시 과태료가 부과될 수 있다.

로케팅

상품 노출을 위한
SEO 살펴보기

이커머스 사이트의 경우, 검색엔진 최적화(Search Engine Optimization, SEO)는 매우 중요하다. 이커머스 사이트에서의 SEO는 제품 및 카테고리 페이지를 검색 결과에서 상위에 노출해 사용자들이 해당 제품을 발견하고 구매로 이어지도록 하는 것을 목표로 한다.

따라서 내 상품이 구매되게 하려면 검색 알고리즘을 잘 파악해서 고객에게 내 상품이 잘 보이게 해야 한다. 일반적으로 마켓 검색의 알고리즘 우선순위는 '상품명, 카테고리, 가격, 고객 관련성'이다.

예를 들어 어떤 제품을 고객이 검색했을 때 그 검색어와 제품명이 일치하는 경우가 가장 노출이 잘 되며, 카테고리 또한 그렇다. 더해서 제품 평균 가격에 비해 내 제품의 가격이 더 저렴하다면 또 노출에 유리한 조건을 가진다. 알고리즘이 내 가격을 경쟁력이 있다고 판단하기 때문이다.

고객 관련성은 관심 있는 제품을 하나라도 클릭했을 때 고객은 어떠한 제품의 종류를 좋아하는지 연관성을 갖게 되는데, 마켓 알고리즘은 이러한 특성을 파악해 고객에게 맞는 제품을 보여주는 것이다.

그럼 검색 최적화를 위한 세팅 방법을 살펴보자.

최적의 '상품명'을 세팅하라

제품명은 굉장히 중요하다. 이것은 국내나 해외 모두 마찬가지이다. 제품명이 고객이 필요한 검색어와 일치해야 된다. SUN CARE(선케어) 제품 중에서도 Women's Sun Balm(여성용 선밤)을 사고 싶은 경우 검색했다면 다른 상품명보다도 Women's Sun Balm라고 간결하게 입력되어 있는 상품명이 점수를 더 많이 받는다는 것이다. 고객이 양산을 사고 싶어서 검색했을 때 해당 제품을 노출시켰더니 고객이 제품을 구매하고 나가는 행위를 계속 반복한다면 이 제품은 양산하고 매칭도가 높다고 알고리즘이 판단한다. 그리고 계속 유입되고 상위 노출이 될 수 있는 것이다.

고객이 검색할 키워드를 찾아서 그 상품의 메인 키워드로 잡고 등록해보면 내 상품이 잘 유입될 수 있다.

상품명의 좋은 예를 계속해서 살펴보자. Ladies Rhinestone LED Big Dial Quartz Blue Watch 라는 상품명은 '간결한 이름', '주

요 특징 포함'하여 매우 좋은 상품 제목이 된다.

반대로 안 좋은 예도 살펴보자. 'Fashion Leather Watch Women Ladies Lady Girl Casual Wear Watch Quartz'의 경우 '반복되거나 비슷한 단어의 중복', '색상 등 주요 특징이 없다는 점'에서 좋지 못한 상품 제목이 된다. 어떻게 바꾸면 좋을까? 상품명에 Ladies Rhinestone LED Big Dial Quartz Blue Watch라고 넣으면 색상(Blue)과 Big Dial Watch, LED Watch 등 이런 중요 특징들이 이 상품명 안에 다 들어가 있다. 때문에 필요한 제품을 검색했을 때 원하는 상품을 찾아서 매칭해서 들어갈 수 있도록 주요 특징을 포함하는 것이 좋다.

또한 어감이 어색하지 않은 제목이어야 한다. 읽었을 때 Ladies Rhinestone LED Big Dial Quartz Blue Watch라는 말은 어감상으로는 이상하지 않다. Rhinestone LED Big Dial Quartz Blue Watch라는 이름은 한 문장처럼 느껴지기 때문에 이렇게 어감이 부드럽고 자연스러운 제목이 되어야 한다는 것이다.

다시 상품명이 안 좋은 예를 보면 Woman Ladies Lady Girl, 이렇게 계속 반복되는 중복 단어들이 들어가 있어서 읽었을 때 어감이 맞지 않는다. 그리고 색상이나 특징이 상품명에 포함되어 있지 않기 때문에 이 상품명의 경우(Fashion Leather Watch Women Ladies Lady Girl Casual Wear Watch Quartz) 검색했을 때 상품을 찾아서 매칭하기 어렵다.

상품 속성을 표시하는 방법

우리가 블루투스 스피커를 판매한다고 가정해보자. 어떤 카테고리로 들어가야 하는지 고민될 수 있다. 쇼핑 플랫폼에 블루투스 스피커를 검색해보면 두 가지 카테고리가 나온다. Wireless and Bluetooth Speaker와 Portable Line-in Speakers다. 이 중 어떤 카테고리로 등록했을 때 노출이 잘될까?

카테고리 마이닝을 진행해보자. 계속해서 스피커로 예를 들어 Bluetooth Speaker 카테고리로 들어가면 동종 제품이 6만 7,218개 등록되어 있다. 그리고 Portable Speakers 카테고리로 들어갈 경우 상품 수가 7,381개가 검색된다. 상품 수가 거의 10배 정도 차이가 나는데, 신규 셀러들이 들어갈 때는 경쟁이 적은 카테고리에 들어가는 것이 노출 확률을 높이는 방법이 된다.

신상품일수록 아직 리뷰가 없고 구매가 없기 때문에 경쟁이 더 적은 카테고리로 들어가는 것이 좋다. 단지 카테고리 변경 하나만으로도 페이지뷰(PV)가 9배 정도 상승한 케이스도 있을 만큼 중요하다. 고객의 입장에서 생각해보면 자주 쓰는 기능이 '필터'인데, 고객의 필터를 상품에 일치시키는 것도 하나의 방법이다. 예를 들어 건조한 건성 피부인데, 이 피부에 맞는 제품인지 아닌지, 트러블 피부에 맞는 제품인지 등을 입력하고 상품페이지에서도 보여주는 것이 좋다.

만약 신발이라면 굽 높이는 정확히 몇 cm인지, 발 폭이 넓은 편인지, 좁은 편인지 이런 것들도 확인해서 넣어주면 좋다. 특히 실제로 착용이 필요한 제품들은 온라인상에서 정보를 더욱 자세하게 넣어줄수록 좋다. 전자제품의 경우에도 마찬가지다. 충전식인지, 프리볼트 상품인지, USB 충전인지, 건전지를 넣는지 등 대표적인 속성을 넣어줘야 한다.

고객들은 검색했을 때 너무 많은 품목이 노출되면 대부분 계속 페이지를 넘기기보다는 나에게 맞는 상품을 찾기 위해 필터를 적용하게 된다. 그렇기 때문에 상품 특성을 권장 사항까지 최대한 입력해 옵션 특성에 의해 내 상품이 잘 보이도록 하는 것은 중요하다.

이렇게 상품 속성에 따른 필터까지 활용한다면 구매 확률이 더욱 높은 고객에게 효과적으로 제품을 노출해 구매 전환율을 높일 수 있다.

가격 경쟁력은 정말 중요하다

오픈마켓 플랫폼들은 비슷한 상품군의 경우 가격이 저렴하다고 판단되는 상품을 알고리즘에 노출시켜주는 경우가 많다. 예를 들어 여름에 여성들이 굉장히 많이 찾는 제모기를 올린다고 가정해보자. 이 경우에 제모기 평균값에서 가장 저렴한 가격의 제품을 상위로 노출해주는 것이다.

만약 내가 처음 제품을 올린다면, 가격이 가장 중요한 마케팅 포인트가 된다. 고객들은 아직 내 제품을 사용해본 적이 없고 구매한 적도 없기 때문이다. 상품 노출도 굉장히 안 되고 있다. 고객이 내 제품을 선뜻 구매하기에는 아무런 리뷰도 없기 때문에 불리한 조건이 된다.

이 경우에는 최저가라는 타이틀을 통해 구매 유도를 하는 것이 강력한 전환점이 된다. 최저가에서 상품을 등록하면 일단 노출이 늘어나고 리뷰가 없어도 해당 제품이 평균가 이하로 설정하면 일단 들어와서 상품페이지를 읽게 되는 것이다.

그리고 물건을 저렴하게 구매한 고객은 좋은 가격에 구매했기 때문에 만족도가 높아 좋은 리뷰를 남겨줄 가능성이 크다. 그렇게 구매가 일어나기 시작하면 조금씩 가격을 판매 추이와 함께 높여간다. 추후 많은 리뷰가 쌓였을 때 가격을 높여보고, 매출 추이에 변화가 없다면 평균가 이상으로 팔아보는 것도 좋다.

고객의 판매 추이와 가격은 매우 밀접한 상관관계를 가지고 있다. 내 상품의 가격이 그 정도의 가치를 한다고 생각하면 고객은 구매하는 것이고, 만약 구매가격보다 값어치가 떨어진다고 생각하면 판매 추이 또한 떨어지기 때문이다. 그래서 처음에는 최저가에서 시작한 후 천천히 적정가를 맞춰보는 것도 하나의 방법이다. 이러한 A/B 테스트에는 2주 정도의 시간을 가지고 천천히 진행해보는 것을 추천한다.

이커머스에서 전반적으로 사용하는 키워드(CPC) 광고

키워드 광고에 대해서 배워보도록 하겠다. 신상품을 등록했을 때 당연히 1페이지에 노출시키기는 굉장히 어렵다.

상위 판매자들의 판매량을 토대로 아무리 검색 키워드를 최적화시켰을지라도 알고리즘에서 1페이지 안에 들어가는 것은 사실 굉장히 어렵다. 그렇다면 가격 경쟁력을 갖추고 설득력 있는 상품페이지를 만든 다음 내 상품을 보여주었을 때, 내 제품에 대한 반응도를 확인하려면 어떻게 할까?

이때 바로 광고라는 걸 사용할 수 있다. 대부분의 이런 키워드 광고들은 CPC(Click Per Cost) 방식을 사용하고 있다. 원하는 키워드를 선택하여 광고를 노출하고 소비자가 상품을 클릭했을 때만 금액을 부과하는 것이다. 제품을 노출시켰을 때 마음에 드는 소비자가 클릭했을 때만 광고료가 지불되기 때문에 어떻게 보면 굉장히 합리적인 광고 방식이다.

제품을 상위에 노출시키고 클릭해서 제품의 유입을 늘릴 수 있는 키워드 광고를 설정하는 방법을 같이 한번 배워보도록 하자.

키워드 검색 광고는 키워드로 검색했을 때도 당연히 노출이 되지만 상품페이지 내 추천 광고를 통해 노출된다. 키워드 검색을 통해 목적 구매를 하는 고객을 대상으로 노출이 되고, 이런 비슷한 제품들을 계속 검색했던 고객들에게 추천 광고로 노출되도록 되어 있다.

검색 결과 페이지와 상품 상세 페이지 내의 추천 광고를 통해서 내 제품이 보여야 살 수 있기 때문에 일단은 판매에 기본적인 노출을 진행하는 것이다. 당연히 처음에 광고를 진행했다고 결과가 다 좋지는 않을 수 있다. 그런데 이 광고 방식은 그래도 결과가 있을 때, 클릭했을 때만 비용을 지불하기 때문에 조금 더 합리적인 방식이라고 볼 수 있다. 그리고 Sponsored Product라는 메뉴에서 통합 캠페인으로 제공되고 있다. 통합 캠페인이 라자다 광고 중에 제일 효율이 뛰어나다고 볼 수 있고, 광고 진행에 대한 상품과 노출에 대한 상세한 실적 리포트를 받아볼 수 있다.

검색광고 1

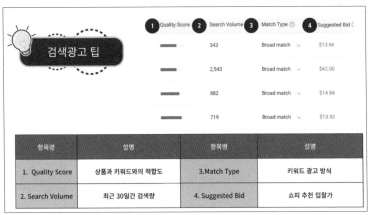

항목명	설명	항목명	설명
1. Quality Score	상품과 키워드와의 적합도	3.Match Type	키워드 광고 방식
2. Search Volume	최근 30일간 검색량	4. Suggested Bid	쇼피 추천 입찰가

→ 참고 자료: seller.shopee.kr

광고하는 방식은 대부분 동일하다. 한 번이라도 오픈마켓 판매를 해봤다면 이 방법이 전혀 어렵지 않을 것이다. 내 계정에 광고할 광

로케팅

고비를 충전해서 사용하는 것이다. 해외 결제 가능한 신용카드로 충전하면 되고 캠페인을 만들고 예산을 설정하면 된다.

내가 어떤 제품을 광고할 것인지, 어느 정도의 예산을 사용할 것인지를 선택하는 것이다. 상품을 선택하고 클릭당 얼마에 입찰해서 홍보할지를 정할 수 있다.

입찰가가 높으면 높을수록 같은 광고를 했을 때 조금 더 상위에 노출된다고 생각하면 된다. 어떤 키워드를 목표로 해서 클릭당 얼마에 입찰할 것인지, 상품을 선택한 다음 키워드 각각을 얼마에 입찰할 것인지 단가를 정할 수 있다. 그래서 입찰 단가를 직접 입력한 후 더 높은 입찰가로 고객의 잠재 가능성이 큰 고객을 더 확보하는 것이다.

입찰가를 높이면 높일수록 상품은 훨씬 더 상위에 노출되기 때문에 정말 주요 키워드, 내가 꼭 타깃해보고 싶은 키워드가 있다면 입찰가를 조금 더 높여서 반응을 보는 것을 추천한다.

검색광고 2

아래 보기 중 가장 우선 선택해야 하는 키워드는 무엇일까요?

Quality Score ⑦	Search Volume ⑦	Match Type ⑦	Suggested Bid
①	343	Broad match ˅	$13.66
②	2,543	Broad match ˅	$42.00
③	882	Broad match ˅	$14.84
④	719	Broad match ˅	$13.92
⑤	3,602	Broad match ˅	$11.00

예산 및 키워드설정시 고려할점

- Quality Score가 높은 키워드를 우선 선택
- Search Volume은 높고 Suggested Bid은 낮은 키워드를 우선 선택
- Match Type은 Broad match를 선택해 다양한 키워드에서 노출이 되도록 진행

정답: 5번

→ 참고 자료: seller.shopee.kr

처음에는 최적화된 키워드를 찾기 전까지 클릭당 비용도 조금 넉넉하게 책정하여 구매로 전환될 수 있는 충분한 클릭 수를 확보하는 것이다.

만약 키워드를 다 등록했을 때 내 제품으로 들어오는 클릭 양이 굉장히 적다면 노출만 되고 내 상품과 매칭도가 떨어지는 것이므로 확인하여 점점 삭제해 나가는 것이 좋다.

그리고 노출시켰을 때 내 상품과 매칭도가 높아서 내 상품으로 자꾸 유입되는 키워드는 오히려 노출 수를 늘릴 수 있도록 금액을 조금 더 높여 더 자주 유입될 수 있도록 진행하는 것이 좋다.

고객만족을 위한
판매 관리 방법

글로벌 셀링은 온라인상에 제품을 올린 후가 더욱 중요하다. 제품에 대해 좋은 리뷰를 획득하고 고객에서 나타날 수 있는 위험을 사전에 방지하며, 유사한 판매 제품들 사이에서 자신의 숍과 제품이 더욱 돋보이게 만드는 방법을 만들어야 경쟁에서 이길 수 있다.

광고를 통한 노출 전략

우리가 어떤 제품을 런칭 했을 때 쇼핑몰의 1페이지에 노출되는 것은 쉬운 일이 아니다. 앞선 SEO를 통해 키워드를 최적화했다고 하더라도 수많은 유사 제품이 올라와 있는 마켓에서 1페이지 순위권에 오르는 것은 단시간에 해내기 힘들다. 때문에 플랫폼에서 제공하는 광고 상품을 이용할 필요가 있다.

대부분의 디지털 광고가 그렇듯이 플랫폼의 광고 시스템은 CPC (Cost Per Click) 방식으로 클릭당 광고비가 지출되는 방식, 다시 말해 고객의 클릭 시에만 광고비가 부과되어 비교적 합리적이고 적절하게 노출 수에 비례해 광고비를 지출할 수 있다.

SEO를 진지하게 고민하고 설정한 셀러라면 키워드 광고를 이용하는 것이 어렵지 않다. 일반적으로 '검색광고(Search Ad) 영역에서는 구매하는 키워드를 '브랜드 키워드', '상품 키워드', '카테고리 키워드', '연관 키워드'로 나눌 수 있다. 예를 나이키 골프바지를 예로 들어서 나눠 보면 다음과 같이 구분할 수 있다.

- 브랜드 키워드: 나이키
- 상품 키워드: 골프 바지
- 카테고리 키워드: 남성패션 / 골프웨어
- 연관 키워드: 여름 골프바지 편한 골프바지 남성 선물 등(필요한 사람이 검색할 만한 키워드)

이 외에도 특정 위치에 광고의 시각적 배너를 통해 홍보되는 배너광고(Display Ad)도 있으며, 오픈마켓 자체에서 진행하는 여러 할인이나 시즌 캠페인, 이벤트에 참여할 수도 있다. 최근에는 인플루언서들의 영향력이 날로 증가함에 따라 인기 있는 인플루언서의 리뷰와 체험단 등을 광고 상품으로 연결해 진행하는 경우도 있다. 이 때에는 많은 수의 리뷰를 확보할 수 있어 단시간 내에 리뷰 경쟁력을 올릴 수 있다.

긍정적인 리뷰를 얻는 방법

앞서 소개된 광고는 노출의 확장에 있다. 제품의 구매가 일어나고 리뷰가 달리기 시작하면 상품은 페이지 자체로서 순환적인 구조를 가지게 된다. 이때 긍정적인 리뷰는 구매 결정에서 가격만큼이나 중요하다. 특히 유사한 제품군들이 많이 업로드되어 있을수록 긍정적인 리뷰가 끼치는 영향력은 마지막 결정에 더욱 크다.

제품에 필요한 상품을 무료 증정하라

우리가 튜브를 판매한다고 생각해보자. 아마 이 제품을 구매하는 고객은 대부분 물놀이를 앞두고 다른 제품의 구매를 함께 고려하고 있을 것이다. 이때 펌프나 물안경 등 물놀이용품을 사은품으로 보내준다고 한다면 다른 튜브 판매자들보다 훨씬 더 좋은 경쟁력을 갖출 수 있다.

제품을 구매하는 고객에게 무료 증정 광고

→ 출처: lazada.com.my

　모든 상품에 무료 증정을 할 수 있는 사은품은 저렴하지만 실용적이거나 정성이 느껴지는 제품, 그리고 가벼운 제품을 선택하는 것이 좋다. 대부분 화장품 미니어처나 마스크팩, 커피믹스 등을 감사 카드와 함께 발송하는데, 시즌별로 필요한 제품을 포장해 럭키박스로 만들어보는 것도 방법이다.

　핼러윈일 때는 핼러윈 관련 상품, 크리스마스 때는 크리스마스 에디션 등을 보내주는 것도 고객에게는 내 숍을 브랜딩하는 하나의 이벤트이다. 나에게 제품을 구매한 고객이 내 숍을 브랜딩하고 기억하길 원한다면 판매하는 제품에 브랜드 굿즈를 만들거나 브랜드 박스를 만들 수도 있다. 그리고 리셀러의 경우 적은 금액으로 미리

캔버스 등에서 로고 스티커를 만들어 상품 박스나 상품, 사은품을 보낼 때 포장한 위에 붙여서 보내거나, 포장한 종이팩이나 투명한 PPT 봉투 등 다양한 곳에 로고 스티커를 붙여 발송하면 고객이 내 숍을 훨씬 더 기억할 수 있게 된다.

또한 고객이 제품을 주문하는 데 영향을 미치는 것이 셀러에 대한 평가인데, 셀러 평점에도 좋은 영향을 받을 수 있다. 한국 고객보다 동남아시아, 일본 등의 고객은 사은품을 주었을 때 리뷰를 정성스럽게 남겨줄 확률이 높은 편이다. 때문에 판매에 많은 영향을 주는 긍정적인 리뷰를 얻는 데도 도움이 된다.

바우처(할인 쿠폰) 활용하기

셀러 바우처(Seller Voucher)는 할인쿠폰과 같은 개념인데, 이는 구매 전환에 결정적이면서도 특히 재구매를 유도할 수 있는 지점에서 고객 관리의 프로모션으로 자주 사용된다. 프로모션을 거는 방법은 다양하게 있는데, 오픈마켓의 이벤트 기간을 한정하여 모든 구매 고객에게 바우처를 제공하는 경우도 있다. 또 특정 제품의 구매 고객의 재구매 시점이 도래했을 때 채팅 등을 통해 바우처를 제공하여 재구매를 유도할 수도 있다.

바우처는 강력한 마케팅 도구로도 사용된다. 가령 인플루언서와 협업 마케팅을 진행할 때 특정 인플루언서를 통한 구매 고객에게만 제공하는 바우처를 만들 수도 있다. 그리고 라이브 스트림 중에만 제공하는 바우처를 통해 한정된 시간 내에 마케팅 효과를 더욱 집중적으로 올릴 수도 있다.

리뷰를 제대로 살펴보고 상세페이지를 업데이트하라

어떤 고객들은 처음에 들어와서 상세페이지만 보고 구매할 수도 있지만, 상품페이지를 봤을 때 이 제품의 신뢰도가 충분하게 갖지 못할 수도 있다. 이러한 고객들이 가장 많이 살펴보는 것은 바로 리뷰다. 그리고 이 리뷰에서 집중적으로 읽는 것이 불만족하는 부분인데, 그런 리뷰를 찾았고 다소 오해가 있다면 정성스러운 답변을 통해 오해를 푸는 것이 중요하다. 더해서 이 리뷰로 말미암아 상세페이지에 관련 내용을 등록해 불신을 해소해주는 것이 좋다.

간단한 예를 함께 살펴보자. 동남아시아 지역은 날이 덥고 땀이 많이 나기 때문에 모공, 블랙헤드 등의 모공 청소 제품의 수요가 높은 편이다. 그런데 이런 블랙헤드, 모공 청소 미용기기에 대해 리뷰 점수가 낮은 내용을 확인하다가 배터리가 빨리 소모된다는 리뷰를 남긴 것을 발견했다고 가정해보자.

이때 배터리가 빨리 소모될 때 어떻게 개선하면 되는지 상세페이지에 남겨주면 좋다는 것이다. 효과나 효능에 대해서도 상세페이지 내에 있는 내용을 고객의 리뷰에 답글을 달아서 더욱 강조하고 소통하는 효과를 낼 수도 있다.

　리뷰 직전 단계인 질문 게시판이 쌓이기 시작했다면 Q&A를 기획해 보는 것도 좋은 방법이다. 자주 묻는 질문 등이 상세페이지에 잘 담겨 있으면 고객들의 질문은 줄어들고 신뢰는 올라가며 소통이 잘되는 셀러라는 인식을 줄 수 있다.

　이렇게 상세페이지는 계속해서 더 친절하고 자세하게 업데이트되어야 한다. 가전제품의 경우는 앞서 설명했던 것처럼 전압에 대한 자세한 기재와 설명이 중요하다. 화장품의 경우에는 유효기간 등을 정확히 기재해주는 경우가 많다. 해외 고객들은 배송기간 등을 궁금해하는 경우가 많고, 어느 나라에서 출발하는지 등도 자세히 설명하고 써주는 것이 좋다.

　이 하나의 정보는 제법 많은 CS를 감소시킬 수 있다.

　구매 전환율을 높이는 차별화 전략은 내 제품과 유사한 상품을 판매하는 판매자의 상품페이지, 그리고 판매자의 리뷰를 통해서 소스를 얻을 수 있다. 나의 리뷰가 충분히 분석할 만큼 쌓이지 않았다면 내가 주력으로 판매하는 상품의 유사 상품을 검색하여 리뷰를 분석해보는 방법이 있다. 고객이 걱정하는 부분들 또 타 상품에 대해 불만족하는 부분들을 개선하여 상품페이지에 등록하면 구매 전환을 높일 수 있다.

세트 상품(번들 패키지)을 구성하라

적합한 키워드를 찾고, 그것에 대해 경쟁력 있는 카테고리까지 찾았다면, 고객의 욕구를 충족시킬 수 있는 동일한 카테고리의 다양한 상품군을 많이 나열하는 것을 추천한다. 판매가 잘되는 카테고리를 찾으면 상품등록 대비 판매 효율을 높일 수 있다. 또한 해당 상품을 찾는 고객에게 연관 상품이 함께 노출되면 구매할 확률이 높기 때문에 고객 연관성으로 이를 이용하는 것이다. 예를 들어 코로나19 상황이 종료된 이후 여행용 상품들이 많이 판매되고 있다. 여행용 캐리어를 산 고객이 목베개, 여행용 키트, 멀티플러그, 해외 유심 여행 연관 상품들을 살 확률이 높다.

해외에서 제품을 구매할 경우 단품보다는 관련 상품들을 함께 구매하는 경우가 많다. 동일한 제품이라도 묶어 할인을 조금이라도 해준다면 고객은 그 상품을 구매하는 성향을 보인다. 이것을 일명 번들(Bundle)이라고 하는데, 상품을 구매할 때 함께 필요한 다른 상품을 묶어서 할인을 받을 수 있도록 설정해놓으면 추가로 묶음 구매를 하는 경우가 많다.

유사 상품들을 묶어서 패키지 상품으로 만들거나 번들링을 하거나, 동일 제품을 번들링할 때는 재구매가 일어나는 생필품 등에 진행하는 것이 좋다.

상품의 메인 이미지 밑에서 보이므로 판매가 잘되는 상품을 함께 묶으면 상품의 노출을 늘려 판매가 더욱 잘 되도록 할 수 있다.

또 나만의 패키지 상품을 따로 구성해볼 수 있다.

세트 상품으로 묶을 수 있는 제품들은 일명 럭키박스, 서프라이즈 박스 등으로 묶어서 구성한다. 그리고 구성품을 원래 각각의 제품을 구매할 때보다 저렴하게 구매할 수 있도록 하면 묶음 구성이 저렴하면 저렴할수록 구매가 잘 일어난다. 신제품을 럭키박스에 넣어서 보내면 제품 홍보 효과도 얻을 수 있다.

나만의 번들 구성을 통해 제품 1개를 보낼 때보다 여러 개 보낼 때 제품 1개당 단가가 내려가기 때문에 나만이 구성할 수 있는 번들을 통해 가격 경쟁력을 갖출 수 있다.

05

소셜 커머스와
디지털 광고 전략

오픈마켓과 소셜미디어 모두 라이브 스트리밍에 주목하고 있다

실시간으로 제품을 선보이고, 질문에 답변하고, 즉각성과 온라인 쇼핑의 편리함을 결합하여 역동적이고 대화형 구매 경험을 제공하는 형태의 라이브 스트리밍에 전 세계가 움직이고 있다.

특히 동남아시아의 젊은 세대들은 라이브 커머스를 굉장히 잘 활용하고 있으며, 라즈라이브 또는 쇼피라이브에서 굉장한 트렌드와 매출이 발생하고 있다. 앞서 설명했던 것처럼 라이브 스트림 호스트는 라이브 중에 바우처를 제공하는 옵션을 가지고 있어서 라이브 스트림 중에 코인을 제공하거나, 경매를 하거나, 이벤트로 선물을 주는 등 다양한 방법으로 라이브를 즐기고 동참할 수 있다.

SNS와 글로벌 인플루언서

이러한 라이브커머스를 이끌어 가는 핵심 인물들이 바로 인플루언서다. 해외 많은 고객이 인플루언서의 영향을 받아 구매하는 경향을 보이고 있다. 실제로 글로벌라이징 수강생 중에는 2023년 인플루언서 유튜브 홍보 및 공구, 획기적인 기획으로 주문 수 10건 정도에서 인플루언서 홍보 후 일주일 매출 7,000건 이상 5억 8,000만 원 상당의 매출을 낸 사례가 있었다. 실제 해외 플랫폼 내에서는 많은 고객이 인플루언서의 영향을 받아 구매하는 경향이 있으며, 소셜 미디어 게시물에서의 추천을 통해 구매하는 경우가 많다.

글로벌 인플루언서는 결국 해외 소비자들에게 낯선 제품에 대한 인식을 빠르게 긍정적으로 전환할 수 있으며, 구매 결정에 긍정적인 영향을 끼친다. 이는 팔로워들에게 높은 신뢰도와 열망을 가지고 있는 인플루언서들이 직접 추천하기 때문이며, 실제로 비용 측면에서도 퍼포먼스 성과가 따라오기 때문에 합리적이고 적은 비용으로 큰 마케팅 효과를 가져올 수 있다.

다만, 단순히 인기가 많은 인플루언서보다는 우리 제품의 타깃이 되는 고객들이 팔로우한 인플루언서가 좋으며, 제품 카테고리에 대해 잘 알고 있을수록 효과는 커진다. 또한 제품을 실제로 사용하는 환경을 제시함으로써 단순한 광고가 아니라 리뷰적인 콘텐츠를 구성하는 것이 좋다.

이처럼 인플루언서를 통해 소셜미디어에서 보고 바로 구매하는 소셜미디어를 연계 쇼핑은 계속해서 시장이 확대되고 있기 때문에 SNS 채널들과 자신의 마켓 숍들을 연동하는 것은 매우 중요하다.

글과 사진보다 영상을 활용하라

영상을 사용함으로써, 여러분의 브랜드 스토리와 제품을 보다 친근하고 독특한 방법으로 소비자들에게 전달하고 최종적으로 구매 단계까지의 도달을 기대할 수 있다. 영상은 특히 이미지로만 설명하기 힘든 복잡한 제품들을 더욱 효과적으로 설명할 수 있으며, 사용 방법과 효과 등을 제대로 보여줄 수 있다.

영상은 특히 도입부 3~5초에서 시청자의 관심을 사로잡는 것이 중요하다. 데이터를 보면 50%의 소비자들이 첫 4분의 1 지점에서 영상을 멈추었고, 25% 미만의 사람이 2분의 1 지점에서 시청을 멈추었다. 영상이 오래 시청될수록 구매 전환이 이루어지기 때문에 빠르게 소비자들이 상품에 관심을 갖게 될 수 있도록 영상 도입부를 신경 써서 제작하는 것이 중요하다는 것을 알 수 있다.

소셜 마케팅 일본 사례로 살펴보기

지금껏 한국 제품을 제일 많이 구매하는 국가가 중국이었지만, 정부 규제로 인해 매우 급격하게 감소하고 있다. 따라서 한국 제품을 제일 많이 구매하는 국가 중 우리가 주목해야 할 나라는 '일본' 이다.

일본에서 한국 제품을 어떤 것들을 어떤 미디어에서 보고 구매하는지 알고 있다면 상품을 판매하기 훨씬 쉬워진다. 먼저 일본의 인플루언서 영향력 순위를 살펴보자. 1위 유튜버(30.4%), 2위 연예인/탤런트(29.9%), 3위 인스타그래머(16.3%). 10~30대 남성의 경우 유튜브의 영향력이 크며, 20~30대 여성의 경우 인스타그래머의 영향력을 많이 받는다.

다음은 인스타그램의 영향을 많이 받는 제품군이다. 1위 메이크업(28%), 2위 스킨케어(28%), 3위 스마트앱(26%), 4위 바디케어(26%), 5위 헤어케어(24%)로 비교적 저관여 제품군인 뷰티라인의 주목도가 높다. 이어서 브랜드 사이트나 유튜브의 영향을 더 받는 제품군을 살펴보면 1위 자동차(36%), 2위 가전제품(34%), 3위 디지털 가전(32%), 4위 정보 기기(31%), 5위 호텔 및 료칸(29%) 정보를 꼼꼼하게 확인해야 하는 고관여 제품군이 있는 것을 확인할 수 있다.

일본의 경우 COSME.NET이나 LIP 같은 플랫폼에서 화장품에 대해 이야기하거나 소통하곤 한다. 로컬문화나 시스템을 알기 위해서는 고객과 소통하는 것이 가장 중요하다.

일본은 소비시장 중 이커머스 비율이 50% 이상인 한국에 비해 일본은 8.7% 정도로 아직 낮은 편이다. 그만큼 잠재력과 성장성을 가진 시장이라고 볼 수 있다. 현재 일본 시장에서 높은 실적을 자랑하는 주요 이커머스 플랫폼으로는 아마존, 라쿠텐 이외에도 포털사이트 내 쇼핑몰인 '야후 쇼핑(Yahoo! Shopping)', 한국 상품의 B2C 직구로의 구입량이 많은 '큐텐', 의류 특화 카테고리인 '조조타운(ZOZOTOWN)', 중고 거래 최대 플랫폼인 '메르카리(Mercari)' 등이 있다.

디지털 광고 전략

국가별 타깃 광고를 할 수 있는 SNS로는 페이스북과 인스타그램을 들 수 있다. 페이스북은 픽셀(PIXEL)이라는 것을 심어 광고 효율을 직접 볼 수 있고, 인스타그램은 아주 간단하게 국가에 타깃 광고를 돌릴 수 있다는 장점이 있다. 한국 제품을 많이 사용하는 일본, 동남아시아에서 많이 사용하는 SNS이기도 하다.

베트남의 경우 소셜 네트워크 이용자 수가 2023년까지 약 5,280만 명에 이르고 있으며, 90% 이상이 페이스북을 사용하고 있다. 일본 SNS 시장의 경우 'LINE(92.5%) ⇨ 인스타그램(48.5%) ⇨ 트위터(46.2%) ⇨ 페이스북(32.6%) ⇨ 틱톡(25.1%)' 순으로 2023년 집계되었다. 페이스북 광고에 대한 최적의 결과를 보장하는 가장 좋은 방법은 상점 카탈로그를 생성하는 것이다. 또한 전환을 추적하고 잠재 고객을 구축할 수 있도록 픽셀 코드를 제공할 수 있다.

페이스북은 광고 테스트에 최적화된 매체다

A/B 테스트는 이커머스에 과학적 프로세스를 도입하는 방법이다. 페이스북 광고를 A/B 테스트하여 실적이 가장 우수한 광고를 파악할 수 있는데, 추측만 하지 말고 데이터를 따라가며 페이스북이 말하는 것을 배울 수 있다. 페이스북 광고를 A/B 테스트하려면 캠페인을 잘 구성해야 한다. 이는 잠재 고객, 쿠폰 및 광고 메시지 유사 콘텐츠를 의미한다. 테스트하기 위해 각각 다른 A/B 테스트 대상을 하나의 캠페인으로 진행한다.

판매자로서 성공하기 위해 가장 중요한 것 중 하나가 고객의 평가인데, 고객이 리뷰를 남기도록 유도하는 이메일 마케팅 외에도 페이스북 메신저 챗봇을 활용하는 것도 효과적인 방법이다. 챗봇은 오늘날 모든 비즈니스를 위한 기회이며, 이는 컴퓨터가 사용자의 자연어를 이해하고 관련성 있게 대응할 수 있는 NLP(Natural Language Processing) 덕분이다. NLP는 인공지능(AI)이라고도 할 수 있다.

오늘날 많은 메신저 비즈니스 계정은 챗봇에 의해 운영된다. 비즈니스 계정에 봇을 사용하면 사용자가 전자 메일과 같은 다른 형태의 메시징에 비해 인스턴트 메시지를 확인하고 응답할 가능성이 커지므로 매우 유용할 수 있다.

Google은 대규모 잠재고객을 관리할 수 있다

Google은 대규모 잠재고객을 관리하고 있으며, 광고를 예약하면 광고 첫날에 많은 잠재고객에게 도달할 수 있다. Google에는 다양한 판매자 요구에 맞는 여러 가지 광고 솔루션이 있으며, 가장 일반적인 것은 다음과 같다.

Google 검색광고

Google 검색광고는 사용자가 플랫폼을 사용하여 검색한 후에 나타나게 되는데, 일반적인 쇼핑보다 전환율은 낮지만 정보성으로 접근하여 진지하게 상품을 고민하고 구매할 확률이 높다.

Google 쇼핑 광고

사용자가 Google에서 제품을 검색할 때 상단에 '스폰서' 태그가 있는 Google 광고의 종류이다. 이커머스 판매자의 경우 이는 잠재고객이 클릭할 가능성이 큰 이미지를 포함하기 때문에 광고하는 가장 좋은 방법 중 하나로 간주된다.

Google 리마케팅 광고

리마케팅 광고를 사용하면 이전에 보았지만 구매하지 않은 제품을 구매하도록 고객을 설득하려는 의도로 웹에서 잠재고객을 팔로우할 수 있다. 사용자의 웹사이트를 방문한 후 떠나면 판매하는 제품과 관련된 광고가 보는 다른 대부분의 사이트에서 해당 광고를 다시 보여주게 된다. 이는 결정되지 않은 구매자가 웹사이트로 돌아오도록 설득할 수 있다. 또한 대부분의 고객은 한 곳에서 정착하기 전에 서로 다른 페이지를 통해 제품을 비교하게 된다. 이때 리마케팅 광고를 따라가다 보면 결국에는 관심이 사이트에 집중될 수 있다는 것이 일반적인 지식이다. 현재 리마케팅 광고는 투자 대비 효율이 가장 높은 경향이 있다.

YouTube 디스플레이 광고

이러한 유형의 광고는 텍스트에 의존하지 않고 Youtube에 비디오 형식으로 표시되기 때문에 판매자로서 이미지, 비디오 및 오디오를 제공해야 한다. 여기에서 설정한 관심 분야 또는 인구 통계를 사용하여 광고를 게재할 수 있으며, 특정 YouTube 검색어에 대해 광고가 게재되도록 설정할 수도 있다.

광고를 시작하고 처음부터 완벽하게 만드는 것은 거의 불가능하다. 때문에 주기를 설정하여 캠페인 성과를 확인하고 이 내용들을 토대로 캠페인을 최적화하는 노력이 필요하다.

채팅을 활용한 고객 응대

동남아시아 쇼핑몰 중 쇼피와 라자다는 실시간 고객과의 채팅을 권장하고 있다. 앱을 다운로드하면 휴대폰으로도 간편하게 고객과 채팅을 할 수 있는데, 지금은 실시간 번역까지 지원되면서 굉장히 간편하게 채팅을 진행할 수 있다.

동남아시아 고객들은 한국에 대한 로망이 있기 때문에 금세 한국 셀러와 친해지며 소통하는 것을 즐긴다. 그들과 친해지면 고객들이 많은 정보를 제공해준다. 본인의 나라에서 이슈가 되고 있는 한국 드라마나 한국 제품이 무엇인지 얘기해주거나, 친밀감이 쌓인 상태에서 사은품이라도 제공하면 기분이 좋아서 좋은 리뷰도 아주 정성껏 써준다. 이런 고객과의 친밀도는 판매하는 국가의 정보를 얻는 데 매우 유용하다.

단골고객 쿠폰을 이용해 고객에게 푸시 알림을 보낸 다음에도 친밀한 고객에게는 개인 채팅을 보내 '쿠폰이 발행되었으니 필요한 물건이 있으면 지금 구매해놓으면 좋겠다'라는 내용들을 보내면 고마워하며 조금 더 구매를 고려하게 된다. 쇼피는 조금 더 활발한 채팅을 좋아하는 젊은 고객층이 몰려 있고, 라자다는 채팅을 즐기기보다는 구매를 바로 결정하는 고객들이 더 많다고 생각된다.

고객과의 채팅을 통해 정보도 얻고 단골고객도 확보해 나가는 좋은 수단으로 활용해보면 좋을 것 같다. 하지만 유의해야 할 채팅 내용도 있다. 바로 신규 셀러들을 노리는 체리피커들이다. 특히 대량 주문을 하고 싶다는 고객들을 주의해야 한다. 이커머스 플랫폼에서도 Holesale(대량구매 시 할인) 기능이 있는데, 플랫폼 내에서 말고 다른 방법으로 결제하고 싶다면서 엄청 많은 제품 수량을 얘기해 셀러들을 혹하게 한다.

하지만 대부분 브랜드사가 아닌 이상 리셀러들에게 아주 많은 수량의 대량 거래를 플랫폼 채팅을 통해 요구하는 경우는 거의 없으니 이 점을 유의하기 바란다. 브랜드사들도 처음하는 B2B 무역 거래라면 대량 거래는 선결제를 받고 KOTRA(코트라) 등의 한국 무역 지원을 받아 안전하게 진행하는 것을 추천한다.

진심을 다해 찐팬(충성고객)을 만들어라

고객이 내 브랜드를 좋아할 수 있도록 충성고객으로 만드는 방법은 무엇이 있을까? 이 글을 읽고 있는 여러분이 브랜드 제품을 판매하고 있을 수도 있고, 리셀러(즉 유통사)분들이라도 자신의 숍을 브랜딩할 수도 있다. 여러분의 브랜드를 좋아하는 이런 충성고객들은 무조건적인 애정을 보내곤 한다. 여러분의 제품을 몇 시간씩 기다리기도 하고, 제품에 대해 궁금한 것을 바로바로 물어보며 브랜드와 적극적으로 소통하기를 원한다면 내 브랜드의 충성고객이 될 확률이 높다고 보면 된다.

일반적인 고객은 나의 브랜드나 브랜드숍을 한 번 방문한다면, 충성고객은 두 번, 세 번, 그 이상을 방문한다. 그러한 충성고객(찐팬) 덕분에 브랜드가 입소문을 타서 유명해지기도 한다.

한 리셀러의 이야기를 예를 들어보자.

K팝 굿즈를 판매하는 리셀러가 있었다. 어떤 제품 하나가 너무 잘 판매가 되기 시작을 하였는데, 제품이 모두 품절이어서 구하기 어려운 상황이 되었다. 이미 고객들은 제품을 40~50개 이상 주문을 해놓은 상태였고, 그 셀러는 고객에게 일일이 연락해 제품을 구할 수 없게 되었다고 취소를 부탁한다고 양해를 구했다. 하지만 구매자들은 K팝 제품을 팬심으로 기다려왔기 때문에 꼭 그 제품을 사야 한다며 기다린다고 얘기했다.

이 셀러는 패널티를 받게 되었지만, 주문을 취소하지 않고 제품을 기다리는 고객을 위해 어렵게 제품을 구한 다음 정성껏 포장해서 사은품과 기다려주셔서 감사하다는 편지(번역본)를 동봉해 보냈다. 이에 감동한 고객들은 해당 아이돌의 팬카페에 셀러 숍을 소개하기 시작했고, 이 러셀러의 숍은 브랜딩되어 해당 아이돌의 주문이 계속해서 들어오게 되었다. 이렇게 고객을 충성고객으로 만들기 위해서는 진심이 담긴 소통이 필요하다.

혹시 아직도 언어의 장벽이 걱정이라고 생각하고 있는가? 우리는 직접 고객과 통화할 일이 없으며 채팅과 메신저, 편지는 번역기만으로도 충분히 고객에게 의사전달이 가능하다. 고객과 진심으로 공감하고, 작은 부분까지도 공유하고, 솔직하게 이야기하고 브랜드가 추구하는 가치와 진정성을 느끼게 하면 어느샌가 여러분의 브랜드에 충성고객이 점점 늘어나게 될 것이다.

상세페이지의
'문장'

상세페이지에는 몇 가지 기억할 만한 말이 있다. "[구매하기] 버튼의 75%는 상단에서 결정된다. 스크롤 3번 만에 구매는 결정된다." "사람들은 스토리를 각인한다." 왜 이 상품이 시작되었는지, 이 상품이 어떻게 발전해왔는지, 어떤 불편한 점을 개선할 것인지 등 상세페이이와 관련된 어떤 강의를 듣더라도 이와 같은 내용을 크게 벗어나지 않는다.

고객의 심리를 따라가면 판매의 여정이 보인다

이런 제안을 받았다고 생각해보자. "당신은 힘든 헬스장에서 12개월 동안 고생을 했다. 하지만 이것을 3개월 동안 20분 하면 유산

소운동을 매일 1시간씩 12개월을 한 효과가 있습니다. 나머지 9개월 동안 무엇을 하시겠습니까?"

상세페이지에는 '기능적 이익, 정서적 이익, 자기표현 이익' 이렇게 3분야로 나누고 구성해보는 것을 추천한다. 내가 제안하는 이익이 다음 세 가지를 충족하고 있는지 한번 살펴보자.

- 기능적 이익: 이것을 사면 다이어트에 효과가 있다.
- 정서적 이익: 사용하면서 편리하고 살이 빠지는 느낌에 기분이 좋다.
- 자기표현 이익: 동경하는 그 사람과 다시 만날 수 있다. 동료들의 질투를 유발한다.

이를 위해 다음 인간의 욕구를 구분해서 정리해보자.

인간의 주요 욕구

1. 생리적 욕구: 맛있는 음식을 먹고 싶다. 예뻐지고, 잘생겨지고 싶다. 편하게 하고 싶다. 기분이 좋아졌으면 좋겠다. 놀고 싶다. 힐링하고 싶다. 좋은 것을 갖고 싶다.

2. 안전 욕구: 시간을 단축하고 싶다. 낭비를 줄이고 싶다. 불안을 없애고 싶

다. 스트레스를 해소하고 싶다. 건강해 지고 싶다. 고통에서 해방되고 싶다.

3. 소속과 애정: 친구가 되고 싶다. 관심받고 싶다. 인정받고 싶다.

4. 존중 욕구: 남들보다 우월하고 싶다. 권력을 얻고 싶다. 지위나 명성을 얻고 싶다. 젊어지고 싶다.

5. 자아실현 욕구: 성장하고 싶다. 목표를 달성하고 싶다. 자유로워지고 싶다.

상대방이 받을 수 있는 이익을 구체적으로 표현한다

"초고화질 TV를 정가 300만 원에서 180만 원으로 할인합니다. 40 퍼센트 할인 대방출! 남은 120만 원으로 무엇을 하시겠습니까?"

구매자의 마음을 얼마나 동요시킬 수 있느냐가 관건이다.

상세페이지 팁 1. 트렌드 유행어를 활용한다

세간의 주목을 받는 유행어를 문장 속 소재로 사용하고 제목에도 사용한다. 젊은 세대들이 좋아하는 제품에 사용하면 좋은데, 패션이나 뷰티 관련 글을 쓸 때 화제성 있는 유행어를 사용한다. 하지만 이런 글은 유행이 짧다는 것을 생각하자.

상세페이지 팁 2. 구체적인 숫자를 넣는다

어떤 효과를 알리고 싶은 경우, 구체적인 숫자가 들어가면 이미지가 잘 떠올라 사람들의 눈에 쉽게 인식된다. '눈이 2배 커지는 화장법'이라고 하면 훨씬 제품의 효과를 빠르게 알아차릴 수 있다.

상세페이지 팁 3. 쉽고 간단하다는 점을 어필한다

우리는 늘 최소한의 수고로 최대의 효과를 얻기를 원한다. 특히 방법을 전하는 콘텐츠의 경우, 제목에서부터 간단함을 어필할 수 있어야 한다. 요즘 유행하는 염색이 되는 샴푸의 경우 '3분만 감으면 끝' 등 부담이 적고 간편하다는 것을 강조한다.

상세페이지 팁 4. 지금까지 '왜 할 수 없었는지'의 예를 들고 '할 수 있도록'을 상상한다

한국어 공부 제품을 판매한다고 했을 때 '왜 할 수 없었는지'를 예를 들고 '어떻게 할 수 있게 만드는지'를 알려준다. 예를 들어, 하고 싶었지만 재미가 없어서 한국어 공부를 자꾸 포기하게 되었다. 그런데 내가 좋아하는 아이돌과 함께 공부하면 언제 어디서나 할 수 있다. 학원을 다니고 싶지만 시간이 안 된다. ⇨ 어느 시간에도 할 수 있도록 대안을 제시한다. 할 수 없는 것을 '할 수 있다'라고 믿게 만드는 게 마케팅의 기본이 아닐까?

로케팅과 함께
넓은 세상을 가보시겠습니까

글을 마치려니 외려 이 책을 쓰기 위해 처음 모였던 때가 떠오릅니다. 우리는 '이커머스'라는 키워드에서 마치 머나먼 타지에서 고향 사람을 만난 듯 즐겁게 이야기했던 것 같습니다. 그리고 이내 그 즐거운 대화는 '글로벌 이커머스'라는 시장에 무언가 메시지를 줄 수 있다는 자신감을 가져왔고, 흥분과 기대를 안고 집필을 시작했습니다.

하지만 늘 그렇듯 막상 집필을 시작하고 나서는 스스로의 부족함과 계속해서 싸우는 시간이었던 것 같습니다. 많이 안다고 생각했던 시장은 그 넓이와 깊이를 가늠할 수 없었고, 또 시시각각 빠르게도 변해오고 있었기 때문입니다.

그래도 혼자가 아닌 함께하는 작업이었기에 우리의 출판 회의는 계속해서 서로 배우고 깨닫고 부족함을 극복해 나가는 성장의 시간이었던 것 같습니다.

'이커머스' 하면 떠오르는 대단한 사람들이 많습니다. 글로벌 마켓플레이스를 만든 창업자들부터 전 세계 사람들의 사랑을 받는 제품과 브랜드를 만든 CEO들까지 그들이야말로 진정한 이커머스의 생태계를 만들어가는 리더들일 것입니다.

그런 사람들만큼의 지식과 혜안은 없을지라도, 우리는 이 책을 진심을 다해 썼고, 누군가에게는 시행착오를 줄여줄 수 있는 좋은 교본이 되기를 희망하는 마음으로 마쳐봅니다.

설령 그런 역할을 하지 못한다 하더라도, 여러분처럼 글로벌 이커머스에서 함께 고군분투하는 동료들의 이야기라 생각해주셨으면 좋겠습니다.

世界那么大，我想去看看。
"세상이 그리 넓다는데, 제가 한번 가보지요."

중국 허난성의 한 학교 교사였던 '구사오창'이 낸 사직서의 한 줄이라고 합니다. 두근거리는 시작을 상상하게 하는 이 한 줄은 사람들 사이에서 굉장한 영향을 주었습니다. 그리고 시진핑 주석이 공식 석상에서도 인용한 적도 있다고 합니다.

이 세상에 상상도 하지 못할 정도로 넓다는 사실 자체는 언제나 희망과 위로가 되는 것 같습니다. 어딘가에는 우리 자신 또는 우리의 제품이 가진 가치가 더욱 인정받는 곳이 있을 것입니다. 《로케팅》과 함께 그곳을 찾아 넓은 세상을 여러분과 함께 다녀볼 수 있다면 정말로 기쁜 일이 될 것 같습니다.

우리는 이커머스를 통해 배낭여행을 하고 있다는 생각이 듭니다. 어느 날에는 도쿄에서, 어느 날에는 상하이에서, 또 어느 날에는 델리에서 만날 수 있을 겁니다.

한국에서 이커머스를 통해 세계로 나아가는 모든 분과 함께 이 세상 어딘가에서 다시 뵙길 희망합니다. 세상이 그리 넓다는데, 우리도 가보자고요.

다시 한번 이 책이 출간되는 데 도움을 주셨던 모든 분과 부족한 저희의 책을 끝까지 읽어주신 독자 여러분에게 온 마음을 다해 감사의 인사를 올립니다.

우리 모두 이커머스를 알게 된 경로는 각각 다릅니다. 누군가에게는 꿈을 이루기 위해서일 테지만, 또 누군가에게는 인생의 힘든 시기를 돌파하기 위해서 이커머스를 알아가기도 합니다. 어떤 상황이든 늘 넓은 세상과 기회를 상상하며 힘내시길 바랍니다!

그럼 여러분, 저희는 또 세계 어딘가에서 뵙겠습니다.

See you, around the world!

손채현, 장대진

로케팅

초판 1쇄 인쇄 2024년 06월 20일
초판 1쇄 발행 2024년 07월 05일

지은이 손채현·장대진
발행인 김우진

발행처 북샵일공칠
등록 2013년 11월 25일 제2013-000365호
주소 서울시 마포구 월드컵북로 402, 16
전화 02-6215-1245 | **팩스** 02-6215-1246
전자우편 editor@thestoryhouse.kr

ISBN 979-11-88033-17-1 (13320)